literature

영미문학 ③

문학 기출

임용영어수험생 대다수가 선택하는 전공영어의 보통명사

LSI 영어연구소 유희태 박사 편저

합격기준 박문각 임용

동영상강의 www.pmg.co.kr

PMG 박문각

KB021442

《유희태 영미문학 3—영미문학 기출》(1판)은 중등교사 임용시험을 준비하는 수험생들을 위해 쓰여졌다. 저자는 최근까지 영미문학 기출 교재를 출간할 필요성을 강하게 느끼지 못했었다. 임용시험에 출제되는 주요 네 과목—영어교수법, 영어학, 일반영어, 영미문학—가운데 영미문학은 비중이나 분량도 많지 않을 뿐 아니라, 강의 중 프린트물 대체가 어렵지 않았기 때문이다. 하지만 문제는 강의를 듣지 못하고, 임용시험에 대한 정보가 부족한 수험생들이 의지할 교재가 없다는 것이다. 이번에 기출 교재를 출간하기로 한 큰 이유가 여기에 있다.

《영미문학 기출》은 『유희태 영미문학』 시리즈 가운데 세 번째에 해당하는 교재로, 《유희태 영미문학 1-영미문학개론》, 《유희태 영미문학 2-영미소설의 이해》, 그리고 《유희태 영미문학 4-영미문학 문제은행》과 같이 공부한다면 영미문학에 대한 자신감이 생길 것이라 본다.

『유희태 영미문학』 시리즈를 효과적으로 활용하는 방법은, 대학 1~2학년 때 《영미문학개론》을 최소 2회독, 평균 3회독하여 영미문학의 기본 이론을 확실하게 다진 뒤, 2~3학년 때 《영미소설의 이해》를 최소 1회독하여 영미소설을 기본 이론에 확장 적용하는 훈련을 하고, 3학년 때 《영미문학 기출》를 1회독한 다음, 처음으로 임용시험을 치르는 4학년 때 《영미문학 문제은행》을 2회독 하는 것이다.

이 초판 작업을 하면서 많은 분들의 도움을 받았다. 원고를 보기 좋은 최종 결과물로 만들어 준 박문각의 변수경 편집자와 박용 회장님께 고마움을 전한다. 또한 이 교재가 출간되는 과정에서 묵묵히 최선을 다해주신 모든 인쇄 출판 노동자들께도 감사의 말씀을 전하고 싶다. 아무쪼록 이 《영미문학 기출》 초판 교재가 예비교사 여러분의 합격에 일조하기를 깊은 마음으로 바란다.

2023년 새해를 앞두고 LSI영어연구소에서

유희태

2023~2014학년도 영미문학 기출분석

🍃 1차 영미문학 시험 장르 분석

2023학년도 1차 **(2022. 11. 26.)**	Ⓐ 기입형	소설: \<The Nickel Boys>(2019) by colson whitehead(1969-)
	Ⓐ 서술형	시: "The Black Walnut Tree" by Mary Oliver(1935-2019)
	Ⓑ 서술형	드라마: \<Sweat> by Lynn Nottage(1964-)
2022학년도 1차 **(2021. 11. 27.)**	Ⓐ 기입형	소설: \<The Remains of the Day> by Kazuo Ishiguro(1954-)
	Ⓐ 서술형	시: "First Muse" by Julia Alvarez(1950-)
	Ⓑ 기입형	소설: "Separating" by John Updike(1932-2009)
	Ⓑ 서술형	드라마: \<Click> by Brighde Mullins(1964-)
2021학년도 1차 **(2020. 11. 21.)**	Ⓐ 기입형	소설: "Foreign Lands" by Robert Louis Stevenson(1850-1894)
	Ⓐ 서술형	시: "Nine Lives to Live" from Foggy Mountain Breakdown by Sharyn McCrumb(1948-)
	Ⓑ 기입형	소설: \<A little Princess> by Frances Hodgson Burnett(1849-1924)
	Ⓑ 서술형	드라마: \<The Real Inspector Hound> by Tom Stoppard(1937-)
2020학년도 1차 **(2019. 11. 23.)**	Ⓑ 서술형	· 미국소설: 『Coyotes』 by Andrew Porter · 시: 「The Night-Wind」 by Emily Bronte · 드라마: 「Translations」 by Brian Friel
2019학년도 1차 **(2018. 11. 24.)**	Ⓐ 기입형	· 영국소설: 『Robinson Crusoe』 by Daniel Defoe · 드라마: 「The Iceman Cometh」 by Eugene O'Neill
	Ⓐ 서술형	시: 「Promise Like Pie-Crust」 by C. Rossetti
	Ⓑ 서술형	소설: 『After Twenty Years』 by O. Henry

2018학년도 1차 (2017. 11. 25.)	Ⓐ 기입형	드라마: Unknown
	Ⓐ 서술형	시: 「Rite of Passage」 by Sharon Olds
	Ⓑ 서술형	소설: 『The Enduring Chill』 by Flannery O'Connor
2017학년도 1차 (2016. 12. 3.)	Ⓐ 기입형	시: 「Mutability」 by Percy Bysshe Shelley
	Ⓐ 서술형	· 소설: 『South of the Slot』 by Jack London · 드라마: 「Wit」 by Margaret Edson
2016학년도 1차 (2015. 12. 5.)	Ⓐ 기입형	· 시: 「Ask Me」(1950) by William Stafford · 드라마: 「Suppressed Desire」(1917) by Susan Glaspell
	Ⓐ 서술형	· 소설: 「A Little Cloud」 from 『Dubliners』(1914) by James Joyce · 에세이: 「Declined with Thanks」 from 『Not That It Matters』(1921) 　 by Alan Milne
2015학년도 1차 (2014. 12. 6.)	Ⓐ 기입형	· 시: 「I Look into My Glass」(1898) by Thomas Hardy · 소설: 『David Swan』(1837) by Nathaniel Hawthorne · 드라마: 「The Zoo Story」(1958) by Edward Albee
	Ⓐ 서술형	소설: 『Winesburg, Ohio』(1919) by Sherwood Anderson
2014학년도 1차 (2013. 12. 7.)	Ⓐ 기입형	· 비평: 「Walden」(1854) by Henry David Thoreau · 소설: 『Frankenstein』(1818) by Mary Shelley
	Ⓑ 서술형	시: 「Say Not the Struggle Naught Availeth」(1850) by Arthur Hugh 　 Clough

✎ 1차 영미문학 시험 세부 분석

| 2023학년도 |

2023학년도 시험에서 영문학은 총 3문항 10점(12.5%)이 출제되어 문항 수는 4문항 12점(15%)이 출제되었던 2022년보다 1개 줄었고, 배점도 12점(15%)이었던 것이 10점(12.5%)으로 줄었다. 장르별로 볼 때, 소설, 시, 드라마에서 각각 1문항이 출제되어 문학의 주요 3개 장르에서 골고루 출제되었다. 유형별로는 작년과 마찬가지로 소설은 <기입형>(2점), 시와 드라마는 <서술형>(4점)이었다. 시대적으로 볼 때, 소설, 시, 드라마 3문항 모두 20세기 후반에서 21세기 작가들의 작품이 출제되어 지금까지 임용역사에서 볼 때 가장 젊은 작가들의 작품이 출제되었다. 최근의 현대문학을 중시하는 경향성을 다시 한번 보여주었다.

장르를 구체적으로 보면, 소설은 아프리카계 미국작가로, 현재 미국에서 가장 뛰어난 작가 중 하나로 평가받으며, 2017년과 2020년 두 차례에 걸쳐 퓰리처상을 수상한 Colson Whitehead(1969-)의 대표작 가운데 하나인 <The Nickel Boys>(2019)가 기입형 2점짜리로 출제되었다. Jim Crow Law(미국 남부에서 1960년대까지 있었던 흑인차별법)가 있던 시대의 소년원(The Nickel Academy)에 수감된 아이들—그중에서도 특히 흑인 아이들—에 대한 인종차별과 가혹한 노동, 잔인한 처벌과 강간, 살인을 고발하는 작품이다. 시는 미국의 대표적 현대시인 가운데 한 명이자, 1984년 퓰리처상을 수상한 Mary Oliver(1935-2019)의 "The Black Walnut Tree"가 서술형 4점짜리로 출제되었다. 이 시는 올리버의 시답게 자연을 상징하는 "검정 호두나무(black walnut tree)"가 등장하는데, 이 나무는 자연인 동시에 화자의 가족사를 상징하는 것이기도 하다. 구체적으로 빈칸추론 문제와 밑줄 친 부분의 의미를 설명하는 문제가 각각 출제되었는데, 후자는 결국 metaphor의 의미를 파악해야 풀리는 문제로 답안쓰기가 쉽지는 않았다. 드라마는 아프리카계 미국작가로 현재 미국에서 가장 뛰어난 극작가 중 하나로 평가받으며, 2017년과 2019년 두 차례나 퓰리처상을 수상한 Lynn Nottage(1964-)의 <Sweat>(2015)가 서술형 4점짜리로 출제되었다. 미국의 소외된 노동계급—특히 유색인종 노동계급—의 삶과 그들의 고통, 갈등, 투쟁을 자신의 작품 주제로 삼아 글을 쓴 작가답게, 이번에 출제된 작품에서도 미국사회의 노동 현실을 비판하고 있다. 이 작품의 주요한 배경 중 하나인 Olstead factory의 고용주는 파업노동자들을 공장 밖으로 쫓아내고, 그들 대신에 노조에 가입하지 않은 다른 노동자를 대체함으로써, 노동자들을 이간질한다. 결국, 이 공장의 소유주는 노동비용이 더 적게 드는 멕시코와 같은 제3세계 국가로 공장을 이주시킨다. 그 과정에서 가까운 사람들이 서로를 적대하며 갈등한다. 이 작품은 2015년 출간되었을 때, "미국 노동계급의 핵심(the heart of working-class America)"을 정면으로 다루었고, 왜 Donald Trump가 대통령이 될 수 있었는지를 구체적으로 설득력 있게 보여준다는 평가를 받았다. 난이도 측면에서 볼 때, 올해 문학문제는 전체적으로 작년보다는 약간 쉬웠다는 것이 중론이다. 하지만 빈칸추론이 상대적으로 쉬웠던 것에 반해, 시와 드라마 서술형 문제는 답안을 도출하는 데 수험생들이 어려움을 겪었다.

| 2022학년도 |

2022학년도 시험에서 영문학은 2021년과 동일하게 총 4문항 12점(15%)이 출제되었다. 장르별로 볼 때, 소설에서 2문항, 시와 드라마에서 각각 1문항이 출제되어 문학의 주요 3개 장르에서 골고루 출제되었으며, 유형별로는 <기입형> 2문항, <서술형> 2문항이 출제되었다. 시대적으로 볼 때, 4문항 모두 현대작가들의 작품에서 출제되어, 19세기와 20세기 작가들에게서 다양하게 나왔던 이전 시험들과는 차이를 보였다.

장르를 구체적으로 보면, 소설은 일본계 영국작가로 2017년 노벨문학상을 수상한 Kazuo Ishiguro(1954-)의 대표작인 <The Remains of the Day>과 20세기 후반 미국의 대표적 작가 중 한명인 John Updike의 "Separating"이 각각 기입형 2점짜리로 출제되었다. 시는 도미니카계 미국작가인 Julia Alvarez(1950-)의 "First Muse"가 서술형 4점짜리로 출제되었다. 이 시는 중남미에서 미국으로 이주한 이민자로서 시인 자신의 사적인 삶이 반영되어 있다. 특히 백인중심의 미국사회에서 소수인종 구성원으로서 자신의 인종적 정체성에 대한 질문이 잘 형상화되어 있다. <Sound & Sense>에 실려 있는 시인이기도 하다. 드라마는 현재 미국에서 매우 왕성하게 활동하고 있는 드라마 작가이자 시인인 Brighde Mullins(1964-)의 <Click>이 서술형 4점짜리로 출제되었다. 이 작품은 등장인물이 2명밖에 없고 여러 가지 면에서 일반적인 드라마와는 다른 특이한 구성을 지니고 있다. 주인공 남성은 알코올 중독으로 현재 재활원에서 고통스러운 생활을 하고 있고, 애인인 주인공 여성을 향해서 부정적인 감정을 가지고 있다. 난이도 측면에서 볼 때, 문학문제는 전체적으로 지문 이해의 측면에서는 무난한 편이었지만, 많은 수험생들이 소설, 시, 드라마 모두에서 답안을 도출하는 데 어려움을 겪었다.

| 2021학년도 |

2021학년도 시험에서 영문학은 총 4문항 12점(15%)이 출제되어, 문항 수는 3문항 12점(15%)이 출제되었던 2020년보다 1개 늘었지만, 배점은 12점으로 동일하였다. 장르별로 볼 때, 소설에서 2문항, 시와 드라마에서 각각 1문항이 출제되어 문학의 주요 3개 장르에서 골고루 출제되었으며, 유형별로는 3문항 모두 <서술형>이 출제되었던 2020년과는 다르게 <기입형> 2문항, <서술형> 2문항이 고루 출제되었다. 시대적으로 볼 때, 2020년과 마찬가지로 19세기와 20세기 작가들의 작품이 출제되었다.
장르를 구체적으로 보면, 시는 19세기 스코틀랜드의 대표적 소설가이자 시인이었던 Robert Louis Stevenson(1850-1894)의 "Foreign Lands"(1934)가 서술형 4점짜리로 출제되었다. 드라마는 20세기 후반 체코 태생 영국의 대표적 극작가 중 한 명인 Tom Stoppard(1937-)의 <The Real Inspector Hound>(1968)가 출제되었다. 올해 <9-10월 모의고사 5번> 드라마 문제로 이 작가의 작품을 다룬 바 있다. 소설은 현재 미국 남부 지역에서 왕성하게 활동하는 아동 문학가인 Sharyn McCrumb(1948-)의 "Nine Lives to Live" from Foggy Mountain Breakdown(1997)과 19세기 영국태생의 미국작가인 Frances Hodgson Burnett(1849-1924)의 <A little Princess>(1905)가 출제되었다. 이 소설가들은 미국의 중·고등학교에서 많이 다루는 작가이기도 하다. 난이도 측면에서 볼 때, 문학문제는 전체적으로 지문 이해의 측면에서는 무난한 편이었지만, 많은 수험생들이 시와 드라마에서 답안을 도출하는 데 어려움을 겪었다.

| 2020학년도 |

2020학년도 시험에서 영문학은 총 3문항 12점(15%)이 출제되어, 문항 수는 4문항 12점(15%)이 출제되었던 2019년보다 1개 줄었지만, 배점은 12점으로 동일하였다. 장르별로 볼 때, 소설, 시, 드라마에서 각각 1문항이 출제되어 문학의 주요 3개 장르에서 골고루 출제되었으며, 유형별로는 작년과는 다르게 <기입형>이 전혀 출제되지 않아서, 3문항 모두 <서술형>이었다. 시대적으로 볼 때, 19세기와 20세기 작가들의 작품이 출제되었다.
우선 시는 19세기 영국의 대표적 소설가이자 시인이었던 Emily Bronte의 「The Night-Wind」가 서술형으로 출제되었다. 드라마는 20세기 아일랜드의 대표적 극작가인 Brian Friel의 「Translation」이 임용시험에 처음으로 등장하였는데, 임용시험에서는 상대적으로 비중이 적었던 작가였기에 약간은 생소하게 느껴지기도 했다. 소설은 21세기의 동시대 젊은 미국 소설가인 Andrew Porter의 『Coyotes』가 출제되었다. 이 작가는 미국의 중·고등학교에서 많이 다루는 작가이기도 하다. 난이도 측면에서 볼 때, 문학문제는 전체적으로 작년과 유사한 수준으로 그렇게 쉽지도 어렵지도 않았다.

| 2019학년도 |

2019학년도 시험에서 영문학은 총 4문항 12점(15%)이 출제되어, 문항 수는 3문항 10점(12%)이 출제되었던 2018년보다 기입형 1문항이 늘었다. 장르별로 볼 때, 시와 드라마에서 각각 1문항, 소설에서 2문항이 출제되어 문학의 주요 3개 장르에서 골고루 출제되었다. 유형별로는 <기입형> 2문항, <서술형> 2문항이 출제되었고, 배점은 전체 12점(15%)으로 2018년보다 2점이 더 많았다. 시대적으로 볼 때, 20세기 작가들의 작품이 주로 출제되었던 2018년과는 다르게 18세기 초반에서 20세기에 걸쳐 골고루 출제되었던 2017학년도 임용시험과 유사하였다.

우선 시는 19세기 영국의 대표적 시인 중 한 명인 C. Rossetti의 「Promise Like Pie-Crust」가 서술형으로 출제되었다. 드라마는 20세기 미국의 가장 위대한 극작가인 Eugene O'Neill의 작품 「The Iceman Cometh」가 임용시험에 처음으로 등장, 기입형으로 출제되었다. 소설은 18세기 초 영국의 주요작가 중 한 명인 Daniel Defoe의 『Robinson Crusoe』(1719)가 기입형으로, 19세기 말 미국의 주요 단편작가 중 한 명이었던 O. Henry의 『After Twenty Years』가 서술형으로 출제되었다. 난이도 측면에서 볼 때, 2018년보다 어려웠다는 것이 대다수의 수험생들의 중론이다. 특히 B형 서술형으로 출제된 소설의 경우, 지문이 너무 길어(630자) 문제를 푸는 데 할애되는 시간이 많아 수험생들을 고통스럽게 하였다. 또한 지문 안에서 literary device 중 하나인 situational irony를 찾는 문제가 출제되었는데, 평소에 문학기본이론을 공부하지 않았던 수험생들은 풀기가 쉽지 않았던 문제였다. 기입형으로 출제된 소설 문제도 '18세기 영어'가 주석도 없이 출제되어 지문 번역 자체도 쉽지 않았기 때문에 매우 어렵게 느껴졌던 문제였고, 답안쓰기도 만만치 않았다. 이로 인해 많은 수험생들이 답을 'devil'로 찾는 오류를 범하였다. 시 문제는 전년과 비교해서 상대적으로 쉬웠던 까닭에, 평소에 『Sound & Sense』를 비롯해 시 감상법을 공부한 수험생이라면 답안쓰기가 무난했으리라 여겨진다. 드라마는 2018년보다는 약간 어려웠지만, 출제가 될 만한 작가의 작품으로, 평소에 기본강의나 모의고사 문제에서 O'Neil의 드라마 문제를 접했던 수험생들이라면 어렵지 않게 답을 찾을 수 있는 문제였다.

| 2018학년도 |

2018학년도 시험에서 영문학은 2017년과 동일하게 총 3문항 10점(13%)이 출제되었다. 장르별로 볼 때, 소설, 시, 드라마에서 각각 1문항이 출제되어 문학의 주요 3개 장르에서 골고루 출제되었으며, 유형별로는 <기입형> 1문항, <서술형> 2문항이 출제되었다. 시대적으로 볼 때, 19세기와 20세기에 걸쳐 골고루 출제되었던 2017년과 다르게 20세기 작가들의 작품이 주로 출제되었다.

임용시험이 학교나 삶에서 부딪히게 되는 어린아이들이 겪게 되는 문화·사회적 성장의 문제를 선호한다는 것을 보여주듯이 미국의 현존 위대한 시인 중 한 명인 Sharon Olds(1942-)의 작품 「Rite of Passage」가 출제되었다. 이 작품은 임용시험 필독서인 『Sound and Sense』에 실려 있는 대표적인 작품이기도 하다. 또한 20세기 미국의 작가로 젊은 시절 요절한 Flannery O'Connor (1925-1964)의 단편소설 「The Enduring Chill」이 출제되었다. 개인적으로는 이 작품보다는 O'connor의 같은 단편선집에 실려 있는 「Good Country People」이 더 중요하다고 생각되어 11월 마지막 최종찍기반에서 이 작품을 다뤘던 바 있어 아쉬운 마음이 있다. 드라마는 출전이 무엇인지 파악조차 되지 않는 희한한 작품에서 출제되었다. 하지만 문학이론의 기초를 공부한 수험생이라면 무난히 풀 수 있었던 문제였다. 난이도 측면에서는 2017년과 유사하였다는 것이 대다수의 수험생들의 중론이다. 즉, 어렵지도 그렇다고 쉽지도 않았다는 것이다. 특히 시 「Rite of Passage」의 첫 번째 문제는 출제자가 원하는 답안을 쓰기가 쉽지 않았던 매우 까다로운 문제였다. 소설은 출제자의 의도를 애매하게 파악하여 엉뚱한 답을 서술한 수험생들이 의외로 많았는데, figurative language와 literal language의 의미를 정확하게 알아야 답을 쓸 수 있는 보기보다 까다로웠던 문제였다. 드라마도 figurative와 literal의 개념이 지문의 내용과 결합되어 출제되었으며 2017년 수준과 유사한 난이도였다.

| 2017학년도 |

2017학년도 시험에서 영문학은 총 3문항 10점(13%)이 출제되어, 문항 수는 4문항 12점(15%)이 출제되었던 2016년보다 1개 줄었지만, 예년과 크게 다르지 않았다. 장르별로 볼 때 소설, 시, 드라마에서 각각 1문항이 출제되어 문학의 주요 3개 장르에서 골고루 출제되었으며, 유형별로는 <기입형> 1문항, <서술형> 2문항이 출제되었다. 시대적으로 볼 때, 20세기 초반 작가들이 압도적으로 많았던 2016학년도와 다르게, 19세기와 20세기에 걸쳐 골고루 출제되었던 2015학년과 유사하였다.

임용시험이 미국 자본주의의 한계를 드러내는 자연주의 작가들을 선호한다는 것을 보여주듯이 Jack London의 작품 『South of the Slot』이 출제되었다. 또한 오랜만에 19세기 초 미국의 대표적인 낭만주의 시인인 Percy Bysshe Shelley의 대표작 중 하나인 「Mutability」가 출제되었다. 드라마는 현재 현역으로 활동 중인 Margaret Edson의 대표작 「Wit」에서 출제되었다. 난이도 측면에서 쉽지 않았다는 것이 대다수의 수험생들의 중론이다. 특히 Shelley의 시에 대한 답안쓰기는 많은 수험생들이 'joy'와 'despair' 사이에서 갈등을 했던 문제였다. 게다가 노량진의 모 강사가 답안을 'joy'라 제시하는 바람에 논란이 더욱 증폭됐다. 하지만 문학사적으로 Shelley가 어떤 시인이었는지 안다면 논란이 될 수 있는 문제는 아니었다. 특히 시를 잘 모른다 하더라도 주어진 코멘터리가 너무 많은 정보를 노출시킨 바람에 약간 김빠진 문제였다. 훌륭한 식재료를 요리하기엔 요리사의 솜씨가 턱없이 부족하였다고나 할까. 소설은 작품 전체의 내용 파악이 쉬운 것은 아니었고, 특히 세부적으로 내용을 꼼꼼하게 이해하기는 어려운 지문이었다. 지문의 선택도 탁월하였고, 그것을 문제로 만들어내는 데도 나름 성공한 문제였다고 본다. 식재료도 신선하고 높은 퀄리티였으며, 요리사의 요리 솜씨도 괜찮았던 상황이라 볼 수 있다. 드라마는 전반적으로 무난한 선택과 문제였다.

| 2016학년도 |

2016학년도 시험에서 영문학은 총 4문항 12점(15%)이 출제되어, 문항 수는 4문항 11점(14%)이 출제되었던 2015년에 비해 비중이 늘었다. 장르별로 볼 때, 소설, 시, 드라마, 산문(비평)에서 각각 1문항이 출제되어 문학의 주요 4개 장르에서 골고루 출제되었으며, 유형별로는 <기입형> 2문항 4점으로 2015학년도보다 1문항 줄었지만, <서술형> 2문항이 출제되어 배점은 높아졌다. 시대적으로 볼 때, 19세기와 20세기에 걸쳐 골고루 출제되었던 2015년에 비해, 20세기 초반 작가들이 압도적으로 많았다.

특히 이미 출제된 바 있는 Joyce의 『Dubliners』가 출제되어, James Joyce가 Henry David Thoreau와 더불어 임용시험이 가장 사랑하는 작가임이 다시 한번 입증되었다. 『The Yellow Wallpaper』의 작가인 Charlotte Perkins Gilman, Kate Chopin 등과 함께 초창기 페미니즘의 대표적 작가로 손꼽히는 Susan Glaspell의 작품도 2012년도에 이어 2016학년도에 또다시 출제되었다. 임용고시가 페미니즘을 중시한다는 것을 다시 한번 보여주는 사례라 하겠다. 또한 20세기 미국 생태주의의 대표적 시인 중 한 명인 William Stafford의 작품인 「Ask Me」가 출제되었다. 이 시인의 대표작은 「Traveling through the Dark」라 할 수 있는데 상대적으로 비중이 덜한 작품이 출제된 셈이다. 난이도 측면에서, 2015학년과 2014학년에 비해서 어려워졌다는 것이 수험생들의 중론이다. 비교적 손쉽게 답을 할 수 있었던 기입형 4번 드라마 문제(Susan Glaspell, 「Suppressed Desire」)를 제외하고, 나머지 문제들은 답안쓰기가 쉽지 않았다. 지문의 선택은 아주 탁월하다고 볼 수 있었지만, 그것을 멋진 문제로 만들어내는 데는 실패한 문제라고 판단된다. 식재료는 아주 신선하고 높은 퀄리티였지만 요리사의 요리 솜씨가 엉망인 그런 상황이라 할 수 있다. 왜냐하면 이 작품은 굳이 지문을 모두 읽을 필요도 없이 Steve가 하는 말만 읽어도 답을 찾는 데는 아무 지장이 없었기 때문이다. 기입형 2번의 시(William Stafford 「Ask Me」) 문제의 경우, 유형은 2015학년과 동일한 commentary를 채우는 문제였는데, 외국교재에 있는 것을 그대로 베껴서 출제한 점과 빈칸에 들어갈 단어가 추상적인 개념적 언어였던 점은 좀 아쉬웠다. A형 서술형 9번(James Joyce, 「A Little Cloud」 from 『Dubliners』)은 지문의 선택과 문제의 수준도 모두 훌륭하였다. 난이도도 문학 서술형답게, 문학실력이 있어야만 제대로 답을 할 수 있는 그런 문제였다. 마지막으로 A형 서술형 14번(Alan Milne, 「Declined with Thanks」 from 『Not That It Matters』)은 B형 일반영어 4번과 더불어 수험생들이 가장 어렵다고 느꼈던 문제였다. 밑줄 친 부분의 'it'이 가리키는 것을 찾기가 어려웠고, 'administered'의 의미도 해석하기 만만치 않았기 때문이다.

2015학년도

2015학년도 시험에서 영문학은 총 4문항 11점(14%)이 출제되어, 문항 수는 3문항 9점(12%)이 출제되었던 2014년에 비해 비중이 늘었다. 장르별로 볼 때, 소설, 시, 드라마에서 출제되어 문학의 주요 3개 장르에서 골고루 출제되었으며, 유형별로는 <기입형> 3문항, <서술형> 1문항이 출제되었다. 시대적으로 볼 때, 19세기와 20세기에 걸쳐 골고루 출제된 것으로 보아 모두 19세기의 작품이 출제되어 시대적 편중이 심했던 2015년의 경향을 탈피한 것으로 보인다.

난이도 측면에서, A형 기입형 6번의 Tomas Hardy의 시와 서술형 3번 Sherwood Anderson의 소설 문제는 정답률이 매우 낮았던 문제였고, 기입형 9번 Edward Albee의 드라마와 기입형 8번 Nathaniel Hawthorne의 단편소설 문제는 답을 찾는 데 큰 어려움은 없었다. 특이점은 주로 서술형으로 출제되었던 시가 기입형으로 나왔고, 주로 기입형으로 출제되었던 소설이 서술형으로 나왔다는 점이 있다. 일반적으로 서술형이나 논술형으로 출제될 때, 소설이 시보다 쉬운 것이 일반적이지만, 2015학년도 소설 문제는 생각보다 답안쓰기가 까다로웠다는 것이 수험생들의 중론이다.

2014학년도

2014학년도 시험에서 영문학은 총 3문항 9점(12%)이 출제되었다. 장르별로 볼 때, 소설, 시, 에세이(비평)에서 각각 1문항이 출제되었으며, 유형별로는 <기입형> 2문항, <서술형> 1문항이 출제되었다. 시대적으로 볼 때, 세 작품 모두 낭만주의 시대의 작품이 출제되어 시대적 편중이 매우 컸다고 할 수 있다.

A형의 기입형 14번 문항의 에세이는 Henry David Thoreau의 「Walden」의 마지막 장에서 출제되었다. 'Castles in the air'에 관련된 'metaphor'를 알아야 풀 수 있는 문제로 중간 정도의 난이도였다. 소설은 Mary Shelley의 『Frankenstein』이 출제되었고, 상대적으로 쉬운 문제였다. B형의 서술형으로 나온 시는 2014학년도 문제 중 가장 어려웠다. 19세기 초반의 영국 시인 Arthur Hugh Clough의 대표적 시 「Say Not the Struggle Naught Availeth」가 주어지고 그 시의 주제와 연관되는 'metaphor'를 물어보는 문제였다. 시험을 본 대다수 수험생의 공통적 반응이 "너무 어렵다", "무슨 말을 하는 것인지 모르겠다" 등이었다. 시 자체가 우리말로 해석이 안 되는 것과는 별도로 'the main'을 시의 주제와 연관시켜 영어로 써내는 문제는 결코 만만한 것이 아니었다.

2013~2009학년도 영미문학 기출분석

2013~2009학년도까지 임용시험에서 영미문학 문제는 하나의 패턴이 있다. 1차와 2차의 경향이 달랐다는 점이 그렇다. 1차 객관식 문제는 영미문학사에서 중요한 비중을 차지하는 주요 작가(canonical writers)에서 주로 출제되었다면 2차 주관식 문제는 현대 생존 작가의 작품이 주로 출제되었다. 1차 시험이 문학사적인 측면에서 좀 더 넓은 범위의 작가들을 다루는 일반적인 유형이라면 2차 시험은 아무래도 언어구사력을 테스트하는 시험 특성상 우리와 동시대를 살아가는 작가들의 작품이 더 타당하기 때문일 것이다.

✎ 1차 영미문학 시험 장르 분석

2013학년도 1차 (2012. 12.)	· 시:「Composed upon Westminster Bridge, September 3, 1802」by William Wordsworth · 시:「Orb Spider」by Judith Beveridge · 소설:『To the Lighthouse』by Virginia Woolf · 드라마:「Trifles」by Susan Glaspell
2012학년도 1차 (2011. 10.)	· 시:「Meeting and Passing」by Robert Frost sonnet · 소설:『Araby』by James Joyce · 소설:『The Yellow Wallpaper』by Charlotte Perkins Gilman · 드라마:「Glass Menagerie」by Tennessee Williams
2011학년도 1차 (2010. 11.)	· 시:「Childhood」by Francis Cornford · 소설:『The Rocking-Horse Winner』by D. H. Lawrence · 소설:『Sister Carrie』by Theodore Dreiser · 드라마:「The Death of a Salesman」by Arthur Miller
2010학년도 1차 (2009. 12.)	· 시:「Piazza Piece」by J. C. Ransom → 시의 주제 파악 · 소설:『Great Gatsby』by Scott Fitzgerald → irony; gothic novel적 요소 · 수필:『Walden』by H. D. Thoreau → figurative expression을 찾는 문제 · 문학비평: Postcolonialism 비평
2009학년도 1차 (2008. 12.)	· 시:「sonnet」by William Shakespeare · 소설: Autobiographical novel · 속담: 우화 · 드라마:「A Streetcar Named Desire」by Tennessee Williams
2009학년도 대비 교육과정평가원 예시 문제 (2008. 6.)	· 시:「sonnet」by William Shakespeare · 소설: D. H. Lawrence 단편 · 속담: 우화 · 드라마: 일반영어식 문제

✎ 1차 영미문학 시험 세부 분석

| 2013학년도 |

문항 수는 2009~2012학년도와 마찬가지로 4문항에 총 8점이 출제되었다. 장르별로 볼 때, 2012년과 다르게 소설 대신 시에서 2문제가 출제되었으며, 시 2문제, 소설 1문제, 드라마 1문제가 출제되었다. 문학에서 가장 기본이 될 만한 문제가 출제되었다는 점에서 큰 틀은 2012년과 큰 변화가 없었고, 전년과 마찬가지로 문학의 기본이론을 묻는 문제가 여전히 출제되었다.

| 2012학년도 |

시는 미국의 시인 R. Frost의 sonnet 「Meeting and Passing」가 출제되었다. 시 자체에 대한 해석을 기반으로 한 주제라든가 내용을 묻는 전년의 문제와는 다르게 시의 형식적 측면에 대한 질문이 더 강화되었다. 임용시험에서 단골로 출제되는 figure of speech는 여전히 출제되었고, 게다가 Italian sonnet의 rhyme scheme을 묻는 문제가 출제되어 그 어느 해보다도 기본적 문학 이론에 대한 지식이 없으면 답을 고를 수 없을 정도였다. 소설은 2문제가 출제되었다. 자타가 인정하는 최고의 소설가인 James Joyce의 대표적인 소설 『Araby』가 '드디어 그리고 당연히' 출제되었다. 『Araby』에서 가장 중요한 상징 중 하나인 'chalice'를 묻는 문제가 출제되었는데, 무난하고도 적절한 문제였다고 본다. 또 다른 작품은 미국의 초기 페미니즘의 대표적 작가인 Charlotte Perkins Gilman의 대표작 『The Yellow Wallpaper』의 내용을 이해하는지 묻는 문제가 출제되었다. 드라마는 2009학년도에 출제되었던 Tennessee Williams의 「Glass Menagerie」가 출제되었다. 2011년에 출제되었던 Arthur Miller의 「The Death of a Salesman」과 마찬가지로 현재 영미문학계의 흐름을 잘 반영해주는 문제들이었다. 즉, 이 작품들은 모두 현대 자본주의가 어떻게 인간을 황폐화시키고, 소외시키는지를 정면으로 다룬 것들이라는 점에서, 우리 자본주의 사회가 직면하고 있는 여러 문제들에 대한 하나의 진지한 인간적 고민을 드러내주는 그런 수작들이기 때문이다. 출제자들의 시의적절하고 뛰어난 문제 선택이었다고 본다.

| 2011학년도 |

2009~2010학년도와 마찬가지로 4문항에 총 8.5점이 출제되었다. 장르별로 볼 때, 비평 1문제, 시 1문제, 소설 2문제가 출제되었으며, 문학의 기본을 묻는 문제가 출제되었다. 특이한 점은 소설이 처음으로 2문제나 출제되었다는 점이다. 좀 더 구체적으로 살펴보면, 시는 영국의 시인 Francis Cornford(1874-1943)의 「Childhood」가 출제되었고, 소설은 D. H. Lawrence 의 『The Rocking-Horse Winner』와 Theodore Dreiser 『Sister Carrie』, 그리고 드라마는 Arthur Miller의 「The Death of a Salesman」이 나왔다. 이 문제들은 현재 영미문학계의 흐름을 잘 반영해주고 있어 매우 시의적절하였다고 본다. 즉, 출제작품들은 모두 현대 자본주의가 어떻게 인간을 황폐화시키고, 소외시키는지를 정면으로 다룬 것들이라는 점에서, 우리 자본주의 사회가 직면해 있는 여러 문제들에 대한 하나의 진지한 인간적 고민을 드러내주는 그런 수작들이기 때문이다.

| 2010학년도 |

2009학년도보다는 좀 더 문학사에 충실한 작품이 출제되었고, 출제자들이 어느 정도 새로운 임용시험에 적응하고 있다는 느낌을 주는 문제였다. 비평 1문제, 시 1문제, 소설 1문제, 수필 1문제 등 총 4문항에 총 8.5점이 출제되었으며, 문학의 기본을 묻는 문제였다. 2009학년도 문제보다 많이 어려웠다. 좀 더 구체적으로 살펴보면, 수필은 Henry David Thoreau의 『Walden』에서 출제되었는데, 비유적 언어를 찾는 매우 까다로웠던 문제였다. 시는 미국 '신비평'의 대표적 비평가이자 시인인 John Crowe Ransom의 「Piazza Piece」가 나왔다. 시 전체를 해석할 뿐만 아니라 비평적 감식안도 필요한 문제였다. 비평은 영문학, 좀 더 좁혀서 Shakespeare의 문학이 영국적 정체성을 강화시키는 하나의 문화적 기획으로 기능했다는 주장을 담은 비평문이 나왔다. 시의적절하고, Post-colonialism의 비평경향성과도 맞아떨어지는 문제였다. 소설은 Scott Fitzgerald의 『The Great Gatsby』에서 나왔는데, 선택지에서 고딕소설의 개념과 verbal irony의 개념을 알아야만 풀 수 있는 문제로 수험생들이 매우 어려워했던 문제였다. 하지만 문학사의 기본을 안다면 많은 시간을 절약할 수도 있는 문제였다.

✎ 2차 영미문학 시험 장르 분석

2013학년도 2차 (2012. 12.)	시: 「Snake」 by D. H. Lawrence – Literary device that produces a sound effect – a sort of personification
2012학년도 2차 (2011. 10.)	시: 「To a Daughter Leaving Home」 by Linda Pasten 와 Rachel Hadas 「The Red Hat」 by Rachel Hadas – Rhetorical Devices: metaphor and thematic idea(meaning of the poem)
2011학년도 2차 (2010. 11.)	시: 「The History Teacher」 by Billy Collins – Rhetorical Devices: situational irony and understatement
2010학년도 2차 (2009. 12.)	단편소설: 『Homeward Bound』 by Janet Wu – Rhetorical Devices: simile and metaphor
2009학년도 2차 (2008. 12.)	장편소설: 『The Woman Warrior』 by Maxine Hong Kingston – Literary Device: metaphor
2009학년도 대비 교육과정평가원 예시문제 (2008. 6.)	시: 「Stopping by Woods on a Snowy Evening」 by Robert Frost – Literary Device: ambiguity

2차 영미문학 시험 세부 분석

| 2013학년도 |

모더니즘의 대표적 작가 중 한 사람인 D. H. Lawrence의 『Snake』가 출제되었다. 문학에서 점점 중요도를 더해 가는 생태적 자연주의의 특징이 잘 보이는 작품으로, 유희태 박사팀 「4월 전국모의고사」 2차 문제에서 그대로 적중되었던 문제이기도 하다.

| 2012학년도 |

문항 수는 2009~2011학년도와 같은 1문항이었지만, 배점은 20점으로 2011년의 15점보다 5점이 더 높아졌다. 장르는 2011년과 마찬가지로 수험생들이 어렵게 느끼는 시가 출제되었다. 소설이 출제되면 일반적으로 문학이론의 기본이 잘 갖추어 있지 않더라도 어느 정도 해석이 되면 답안을 쓸 수 있는 반면, 시는 그런 요행수가 쉽게 통하지 않기에 많은 수험생들이 어려움을 느끼게 된다. 2011년 시험에서는 Billy Collins의 『The History Teacher』에서 Rhetorical Devices(situational irony and understatement)에 대해 논하는 문제가 출제되었는데 2012학년도에는 2개의 시 Linda Pasten 「To a Daughter Leaving Home」와 Rachel Hadas 「The Red Hat」가 출제되어 Rhetorical Devices(metaphor)를 설명하는 것과 시의 의미, 즉 주제를 기술하는 문제가 출제되었다. 두 시 모두 현대 작가들의 작품에서 출제된 것으로, 출제자들이 선호하는 내용인 부모와 어린 자식 간의 관계를 다룬 작품이 출제되었다.

| 2011학년도 |

2011학년도 2차 시험 문제는 많은 이들의 예상을 깨고 시가 출제되어 수험생들을 당혹시켰다. 2차 시험을 치른 많은 수험생들은 이구동성으로 "작년에 영어학이 가장 어려워 당락을 좌우했다면 올해는 문학 문제가 당락을 좌우했다"라고 말했다. 2010년에는 소설이 출제되어 잘 몰라도 어느 정도 해석이 되면 답안을 쓸 수 있었지만 시는 그런 요행수가 쉽게 통하지 않기 때문이다. 하지만 이것은 2008년 6월 평가원 문제를 무시한 결과에서 나온 당혹감 그 이상도 이하도 아니다. 이미 그 평가원 예시문제를 보면 시를 내겠다는 의도가 있었기 때문이다. 그때 Robert Frost의 시에 Literary Device(ambiguity)에 대해 논하는 문제가 출제되었는데, 2011학년도 시험에선 Billy Collins의 「The History Teacher」에서 Rhetorical Devices(situational irony and understatement)에 대해 논하는 문제가 출제되었다. 이 둘 사이의 유사성은 매우 크다. 매우 정교하고 좋은 문제라 하지 않을 수 없다. 2차 시험은 1차 시험보다 압도적으로 현대 작가들의 작품이 출제되는 경향이 있다. 아마도 그 이유는 2차 시험의 특성상 글 자체가 명확성을 요구해서이기도 하고, 또 가능한 한 현재 동시대인으로서 독자인 우리와 서로 문화적으로 공유할 수 있는 작가들의 작품이기 때문일 것이다. 따라서 2차 시험을 대비하는 방법도 1차와는 조금 다른 접근법이 요구된다고 하겠다. 특히 2차 시험에서는 출제자들이 시를 출제할 가능성이 앞으로도 높을 것으로 보인다. 왜냐하면 소설이나 드라마보다는 시가 출제하기가 편한 동시에 문학적 소양을 테스트하기에도 더 수월하기 때문이다.

| 2010~2009학년도 |

2009학년도와 마찬가지로 Ethnic minority 작가의 작품에서 출제되었다. 2009학년도엔 중국계 미국인 작가인 Maxine Hong Kingston의 작품에서 literary devices와 연결시켜 푸는 문제가 출제가 되었는데, 2010학년도에도 다시 한 번 중국계 미국인 작가인 Janet Wu의 작품이 rhetorical(literary) devices와 연결되어 출제되었다. 이는 영미문학계의 전반적인 흐름을 반영한 것으로 보인다. 난이도에 있어서는 전년보다는 쉬웠다.

🖋 영미문학 서답형 시험 대비 전략

2023학년도 시험을 준비하는 수험생의 1차 대비 전략은 이론적 이해를 통한 단답식 위주의 암기식 접근에서 벗어나 자기가 이해한 전공 내용을 영어로 표현할 수 있는 능력을 배양해야 한다. 구체적으로,

① 문학의 기본 요소들(literary device or rhetorical device, figurative language)에 대한 이해를 심화시킨다.

② 문학의 기본 요소들을 작품 속에서 찾아 적용시키는 훈련을 한다.

③ 내용적으로는 다음과 같은 것들을 읽는다.

- 교사와 학생 간의 관계
- 부모와 자식 간의 관계
- 학교나 삶에서 부딪치는 10대들이 겪는 문화·사회적 성장의 문제를 다룬 작품
- 인생에서 희망을 주는 내용
- 여성주의적(페미니즘) 작가들의 작품
- 현대 자본주의의 문제, 특히 American Dream의 한계를 다루는 (naturalism이나 realism)의 대표 작가들의 작품
- 생태주의와 관련된 작품

④ 출제 시 채점이 쉽도록, 다시 말하면 '논란거리가 가능하면 없도록' 출제할 것이란 점에 유의한다.

⑤ 동시대인으로서 독자인 우리와 서로 문화적으로 공유할 수 있는 작가들의 작품을 읽는다.

⑥ 10대 아이들이 등장하는 내용의 작품들을 중점적으로 분석한다.

⑦ 요행수를 바라며 시험을 준비하지 않는다. 이제 1차는 실력을 철저하게 검증할 것이란 점을 명심하자.

⑧ 다양한 표현을 영어로 연습해 보고 자신이 표현하고 싶었지만 잘 안 되는 표현은 반드시 정복한다. 잘 안 되면 외부의 도움을 받을 것!

⑨ 1년 동안 같이 먼 길을 여행할 소중한 길동무를 1~3월에 만든다. 소심하거나 내성적인 사람을 소중히 생각할 것! You can do it!

Part 03　2008~1997학년도 기출문제

모범답안

literature

유희태 영미문학 ❸

영미문학 기출

01

2023~2014학년도
기출문제

2023학년도

📖 모범답안 p.2

01 **Read the excerpt from a novel and follow the directions.** [2 points] 전공A 기입형 3번

"This is out back," Turner said. "They say once in a while they take a black boy here and shackle him up to those. Arms spread out. Then they get a horse whip and tear him up."

Elwood made two fists, then caught himself. "No white boys?"

"The White House, they got that integrated. This place is separate. They take you out back, they don't bring you to the hospital. They put you down as escaped and that's that, boy."

"What about their family?"

"How many boys you know here got family? Or got family that cares about them? Not everyone is you, Elwood." Turner got jealous when Elwood's grandmother visited and brought him snacks, and it slipped out from time to time. Like now. The blinders Elwood wore, walking around. The law was one thing—you can march and wave signs around and change a law if you convinced enough white people. In Tampa, Turner saw the college kids with their nice shirts and ties sit in at the Woolworths. He had to work, but they were out protesting. And it happened—they opened the counter. Turner didn't have the money to eat there either way. You can change the law but you can't change people and how they treat each other. Nickel was racist as hell—half the people who worked here probably dressed up like the Klan on weekends—but the way Turner saw it, wickedness went deeper than skin color. It was Spencer. It was Spencer and it was Griff and it was all the parents who let their children wind up here. It was people.

Colson Whitehead, The Nickel Boys: A Novel

Complete the commentary below by filling in the blank with the ONE most appropriate word from the excerpt.

⌐ Commentary ⌐

According to Turner, college students protest in order to alter the _____ so that everyone can have the right to eat at the lunch counter at Woolworths, but that does not matter much to someone like him who cannot afford to eat there anyway. His overall point is that the students' efforts do not change the way many people think and behave.

02 Read the poem and follow the directions. [4 points]

전공A 서술형 5번

My mother and I debate:
we could sell
the black walnut tree
to the lumberman,
and pay off the mortgage.
Likely some storm anyway
will churn down its dark boughs,
smashing the house. We talk
slowly, two women trying
in a difficult time to be wise.
Roots in the cellar drains,
I say, and she replies
that the leaves are getting heavier
every year, and the fruit
harder to gather away.
But something brighter than money
moves in our blood—an edge
sharp and quick as a trowel
that wants us to dig and sow.
So we talk, but we don't do
anything. That night I dream
of my fathers out of Bohemia
filling the blue fields
of fresh and generous Ohio
with leaves and vines and orchards.
What my mother and I both know
is that we'd crawl with shame
in the emptiness we'd made
in our own and our fathers' backyard.

So the black walnut tree
swings through another year
of sun and leaping winds,
of leaves and bounding fruit,
and, month after month, <u>the whip-
crack of the mortgage.</u>

Mary Oliver, "The Black Walnut Tree"

Complete the commentary below by filling in the blank with the ONE most appropriate word from the poem. Then, explain what the underlined part means.

⌐ Commentary ⌐

The poetic persona and her mother encounter a dilemma while debating whether to sell their walnut tree or not. Selling it will eliminate ever-present dangers and inconveniences in addition to easing their financial burdens. But if they should remove the tree and create a(n) _____, it will feel like a betrayal of their family heritage.

03 Read the excerpt from a play and follow the directions. [4 points] 전공B 서술형 3번

OSCAR : They were hiring part-time temps* to replace some of the locked-out workers*. I can pick up a couple of hours in the mornings, and maybe get a full shift.

STAN : Be careful.

OSCAR : Why?

STAN : Why?! Emotions are running high. That's why.

OSCAR : Yeah, well, they're offering eleven dollars an hour.

STAN : I know. Looks good from where you're standing, but that eleven dollars is gonna come outta of the pockets of a lot of good people. And they ain't gonna like it.

OSCAR : Well, I'm sorry about that. But it ain't my problem. I been trying to get into that union for two years. And each time I asked any of 'em, I get nothing but pushback. So now, I'm willing to be a little flexible and they ain't.

STAN : You want my opinion?

OSCAR : Do I have a choice?

STAN : Don't do it.

OSCAR : That's your opinion [⋯] They're offering me three dollars more per hour than I make here. Three dollars. What they're offering is better than anything I've touched since I got outta high school. So yo, I ain't afraid to cross the line. Let 'em puff up their chest, but it don't scare me no more than walking through my 'hood. I know rough. I ain't afraid to roll in the dirt.

STAN : Fine tough guy. But, trust me, you're gonna make some real enemies. Couple of folks you know.

OSCAR : They ain't my friends. They don't come into my house and water my plants.

STAN : [⋯] Six months, watch, they're gonna get another set of guys like you who'll cross the line, and guess what? They'll offer them ten dollars. Watch. Then you'll be outta a job, wanting someone to stand by you. But ain't nobody gonna do it [⋯]

OSCAR : Why are you coming at me that way? I'm not disrespectin' you. I'm just trying to get paid, that's all. For three years I've been carrying nothing but crates. I've got twenty-dollar bills taped to my wall, and a drawer full of motivational tapes. Got a jar of buena suerte from the botanica, and a candle that I keep lit 24/7. I keep asking for some good fortune. That's it. A little bit of money. That's it. My father, he swept up the floor in a factory like Olstead's—[they] wouldn't even give him a union card. But he woke up every morning at four A.M. because he wanted a job in the steel factory, it was the American way, so he swept [⋯] floors thinking, "One day they'll let me in." I know how he feels, people come in here every day. They brush by me without seeing me, No: "Hello, Oscar." If they don't see me, I don't need to see them.

STAN : I hear ya. But, c'mon, really? Look elsewhere, not Olstead's. You don't wanna do this.

* temps : temporary workers

* locked-out workers : employees whose workplace has been temporarily closed by the employer

Lynn Nottage, Sweat

Complete the commentary below by filling in the blank with the ONE most appropriate word from the excerpt. Then, explain what the underlined part means.

⌐ Commentary ⌐

Oscar and his father share the same experience. They tried to join a(n) _____, which could have helped them to get full-time employment, but they were rejected. Therefore, when Oscar discovers the lockout, he considers quitting his current position in order to secure a higher salary at Olstead's and realize his American dream. Stan, however, tries to dissuade Oscar by warning him of the dangers that await him.

2022학년도

📖 모범답안 p.5

01 Read the excerpt and follow the directions. [2 points]

전공A 기입형 3번

'Indeed, Stevens. I'd told her you were the real thing. A real old English butler. That you'd been in this house for over thirty years, serving a real English lord. But Mrs Wakefield contradicted me on this point. In fact, she contradicted me with great confidence.'

'Is that so, sir?'

'Mrs Wakefield, Stevens, was convinced you never worked here until I hired you. In fact, she seemed to be under the impression she'd had that from your own lips. Made me look pretty much a fool, as you can imagine.'

'It's most regrettable, sir.'

'I mean to say, Stevens, this *is* a genuine grand old English house, isn't it? That's what I paid for. And you're a genuine old-fashioned English butler, not just some waiter pretending to be one. You're the real thing, aren't you? That's what I wanted, isn't that what I have?'

'I venture to say you do, sir.'

'Then can you explain to me what Mrs Wakefield is saying? It's a big mystery to me.'

'It is possible I may well have given the lady a slightly misleading picture concerning my career, sir. I do apologize if this caused embarrassment.'

[…]

'But dammit, Stevens, why did you tell her such a tale?'

I considered the situation for a moment, then said: 'I'm very sorry, sir. But it is to do with the ways of this country.'

'What are you talking about, man?'

'I mean to say, sir, that it is not customary in England for an employee to discuss his past employers.'

'OK, Stevens, so you don't wish to divulge past confidences. But does that extend to you actually denying having worked for anyone other than me?'

'It does seem a little extreme when you put it that way, sir. But it has often been considered desirable for employees to give such an impression. If I may put it this way, sir, it is a little akin to the custom as regards marriages. If a divorced lady were present in the company of her second husband, it is often thought desirable not to allude to the original marriage at all. There is a similar custom as regards our profession, sir.'

'Well, I only wish I'd known about your custom before, Stevens,' my employer said, leaning back in his chair. 'It certainly made me look like a chump.'

Kazuo Ishiguro, The Remains of the Day

Complete the commentary below by filling in the blank with the ONE most appropriate word from the excerpt.

⌐ Commentary ⌐

In this excerpt, Stevens uses an analogy in an attempt to justify the false impression he gave to Mrs Wakefield. Similar to the way previous _____ should remain unspoken before a partner, English custom frowns upon domestic servants revealing their past employments in company of others.

02 Read the poem and follow the directions. [4 points]

전공A 서술형 5번

When I heard the famous poet Pronounce
"One can only write poems in the tongue
in which one first said *Mother*," I was stunned.
Lately arrived in English, I slipped down
into my seat and fought back tears, thinking
of all those notebooks filled with bogus poems
I'd have to burn, thinking maybe there was
a little loophole, maybe just maybe
Mami had sung me lullabies she'd learned
from wives stationed at the embassy,

thinking maybe she'd left the radio on
beside my crib tuned to the BBC
or Voice of America, maybe her friend
from boarding school had sent a talking doll
who spoke in English? Maybe I could be
the one exception to <u>this writing rule</u>?
For months i suffered from bad writer's-block,
which I envisioned, not as a blank page,
but as a literary border guard
turning me back to Spanish on each line.

I gave up writing, watched lots of TV,
and you know how it happens that advice
comes from unlikely quarters? She came on,
sassy, olive-skinned, hula-hooping her hips,
a basket of bananas on her head,
her lilting accent so full of feeling
it seemed the way the heart would speak English
if it could speak. I touched the screen and sang
my own heart out with my new muse, *I am*
Chiquita Banana and I'm here to say...

Julia Alvarez, "First Muse"

Complete the commentary below by filling in the blank with the ONE most appropriate word from the poem. Then, explain what the underlined part means.

___ Commentary ___

When she saw "Chiquita Banana" on TV, the speaker had an epiphany that her dream did not need to be hampered by her _____ roots.

_____

_____

_____

_____

_____

03 **Read the excerpt and follow the directions.** [2 points]   전공B 기입형 1번

The lock. He had still to replace a lock on one of the doors of the screened porch. The task, like most such, proved more difficult than he had imagined. The old lock, aluminum frozen by corrosion, had been deliberately rendered obsolete by manufacturers. Three hardware stores had nothing that even approximately matched the mortised hole its removal (surprisingly easy) left. Another hole had to be gouged, with bits too small and saw too big, and the old hole fitted with a block of wood—the chisels dull, the saw rusty, his fingers thick with lack of sleep. The sun poured down, beyond the porch, on a world of neglect. The bushes already needed pruning, the windward side of the house was shedding flakes of paint, rain would get in when he was gone, insects, rot, death. His family, all those he would lose, filtered through the edges of his awareness as he struggled with screw holes, splinters, opaque instructions, minutiae of metal.

John Updike, "Separating"

Complete the commentary below by filling in the blank with the ONE most appropriate word from the excerpt.

⌐ Commentary ⌐

In this excerpt, the narrator creates a sense of melancholy by focusing on parts of the property that have come to be in a state of _____. The broken lock, a focal point of this excerpt, serves as a reminder that his domestic world is in crisis, badly in need of repair.

04 Read the excerpt and follow the directions. [4 points]

The low hum of a phone connection over thousands of miles. The voices of a Man and a Woman are heard; they are in the middle of a conversation.

Man : —what are you doing?

Woman : Doing?

Man : While you're talking to me. I hear something. What are you doing?

Woman : What does it sound like?

Man : Click—click—click

Woman : *(in a rush, in one breath)* Oh—that click?—it's the window blind in a breeze, a slight breeze, it's me unsnapping my tortoise shell barrette, I clipped and unclipped it, it's my Italian lighter lighting up my last Blonde Gauloise, it's some cheap Christmas trash racketing its way down the street, it's my birthstone ring hitting the floor, it's a bird's beak tapping, it's Morse code, it's an urgent message we can't decipher but need to know, it's the deadbolt on the back-door, it's the heater clacking into action, it's the clock stuck on One, One, One, it's a glitch on the wires, it's the loose jawbone that clicks in my head from where I took a fall on the ice last winter. It's my nailclipper.

Man : I'm really sick of your metaphors.

Woman : You used to like my turns of phrase.

Man : That was before I started re-hab.

Woman : Recovery takes the Poetry out of Things, huh?

Man : At a nickel a minute from a payphone in a drafty corridor, yeah. I'd say so.

(*slight beat*)

Yeah. It's all just words.

> Woman : That's all we have right now, isn't it? You're two thousand miles
> away and we're reduced to Words, Right?
> Man　 : Yeah. I guess so.
>
> *Brighde Mullins, Click*

Complete the commentary below by filling in the blank with the ONE most appropriate word from the excerpt. Then, explain what the underlined sentence means.

| Commentary |

The string of metaphors the woman dishes out rapidly to the counterpart on the phone are loosely connected to the comfort and convenience a home provides. The comforts of home reflected in the woman's metaphors can be in contrast to the likely ＿＿＿＿＿＿ atmosphere in which the man finds himself.

_____

_____

_____

_____

_____

2021학년도

📖 모범답안 p.9

01 **Read the excerpt from a novel and follow the directions.** [2 points] 전공A 기입형 4번

It had seemed like a good idea at the time. Of course, Philip Danby had only been joking, but he had said it in a serious tone in order to humor those idiot New Age clients who actually seemed to believe in the stuff. "I want to come back as a(n) _____," he'd said, smiling facetiously into the candlelight at the Eskeridge dinner table. He had to hold his breath to keep from laughing as the others babbled about reincarnation. The women wanted to come back blonder and thinner, and the men wanted to be everything from Dallas Cowboys to oak trees. *Oak trees?* And he had to keep a straight face through it all, hoping these dodos would give the firm some business.

The things he had to put up with to humor clients. His partner, Giles Eskeridge, seemed to have no difficulties in that quarter, however. Giles often said that rich and crazy went together, therefore, architects who wanted a lucrative business had to be prepared to put up with eccentrics. They also had to put up with long hours, obstinate building contractors, and capricious zoning boards. Perhaps that was why Danby had plumped for life as a cat next time. As he had explained to his dinner companions that night, "Cats are independent. They don't have to kowtow* to anybody; they sleep sixteen hours a day; and yet they get fed and sheltered and even loved—just for being their contrary little selves. It sounds like a good deal to me."

To be too eager to obey or be polite to someone in authority

Fill in the blank with the ONE most appropriate word from the excerpt.

---

02 Read the poem and follow the directions. [4 points]

Up into the cherry tree
Who should climb but little me?
I held the trunk with both my hands
And looked abroad on foreign lands.

I saw the next door garden lie,
Adorned with flowers before my eye,
And many pleasant places more
That I had never seen before.

I saw the dimpling river pass
And be the sky's blue looking-glass;
The dusty roads go up and down
With people tramping in to town.

If I could find a higher tree
Farther and farther I should see,
To where the grown-up river slips
Into the sea among the ships,

To where the roads on either hand
Lead onward into fairy land,
Where all the children dine at five,
And all the playthings come alive.

Complete the commentary below by filling in the blank with the ONE most appropriate word from the poem. Then, explain what the underlined part means.

⌐ Commentary ⌐

Metaphor can in one way be defined as a figure of speech in which a word or phrase is applied to an object or action that it does not literally denote in order to imply a resemblance. According to this definition, the word "_____" in the poem is a metaphor for the river, the sight of which the speaker enjoys.

03 **Read the excerpt from a novel and follow the directions.** [2 points] 전공B 기입형 2번

> She went into the shop. It was warm and smelled deliciously. The woman was just going to put some more hot buns into the window.
>
> "If you please," said Sara, "have you lost fourpence—a silver fourpence?" And she held the forlorn little piece of money out to her.
>
> The woman looked at it and then at her—at her intense little face and draggled, once fine clothes.
>
> "Bless us, no," she answered. "Did you find it?"
>
> "Yes," said Sara. "In the gutter."
>
> "Keep it, then," said the woman. "It may have been there for a week, and goodness knows who lost it. You could never find out."
>
> "I know that," said Sara, "but I thought I would ask you."
>
> "Not many would," said the woman, looked puzzled [⋯] and good-natured all at once.
>
> "Do you want to buy something?" she added, as she saw Sara glance at the buns.
>
> "Four buns, if you please," said Sara. "Those at a penny each."
>
> The woman went to the window and put some in a paper bag.
>
> Sara noticed that she put in six.
>
> "I said four, if you please," she explained. "I have only fourpence."
>
> "I'll throw in two for makeweight," said the woman with her good-natured look. "I dare say you can eat them sometime. Aren't you hungry?"
>
> A mist rose before Sara's eyes.
>
> "Yes," she answered. "I am very hungry, and I am much obliged to you for your kindness; and"—she was going to add —"there is a child outside who is hungrier than I am." But just at that moment two or three customers came in at once, and each one seemed in a hurry, so she could only thank the woman again and go out.

Complete the commentary below by filling in the blank with the ONE most appropriate word from the excerpt.

⌐ Commentary ⌐

Reading this scene, the reader can sense that Sara feels _____ to share her buns with a hungry child outside the shop.

04 Read the excerpt from a play and follow the directions. [4 points] 전공B 서술형 3번

[MRS. DRUDGE's *approach to* FELICITY *makes* FELICITY *jump to her feet* [···] *She goes to the radio while* MAGNUS d*eclines his biscuit, and* MRS. DRUDGE *leaves.*]

RADIO : We interrupt our programme for a special police message. The search for the dangerous madman who is on the loose in Essex has now narrowed to the immediate vicinity of Muldoon Manor. Police are hampered by the deadly swamps and the fog, but believe that the madman spent last night in a deserted cottage on the cliffs. The public is advised to stick together and make sure none of their number is missing. That is the end of the police message.

[FELICITY *turns off the radio nervously. Pause.*]

CYNTHIA : Where's Simon?

FELICITY : Who?

CYNTHIA : Simon. Have you seen him?

FELICITY : No.

CYNTHIA : Have you, Magnus?

MAGNUS : No.

CYNTHIA : Oh.

FELICITY : Yes, there's something foreboding in the air, it is as if one of us—

CYNTHIA : Oh, Felicity, the house is locked up tight—no one can get in— and the police are practically on the doorstep.

FELICITY : I don't know—it's just a feeling.

CYNTHIA : It's only the fog.

MAGNUS : Hound will never get through on a day like this.

CYNTHIA : [*shouting at him*] Fog!

FELICITY : He means the Inspector.

CYNTHIA : Is he bringing a dog?

FELICITY : Not that I know of.

MAGNUS : —never get through the swamps. Yes, I'm afraid the madman can show his hand in safety now.

[*A mournful baying hooting is heard in the distance, scary.*]

CYNTHIA : What's that?!

FELICITY : [*tensely*] It sounded like the cry of a gigantic hound!

MAGNUS : Poor devil!

CYNTHIA : Ssssh!

[*They listen. The sound is repeated, nearer.*]

FELICITY : There it is again!

CYNTHIA : It's coming this way—it's right outside the house!

[MRS. DRUDGE *enters.*]

MRS. DRUDGE : Inspector Hound!

CYNTHIA : A police dog?

[Enter IN*SPECTOR HOUND. On his feet are his swamp boots. These are two inflatable—and inflated—pontoons with flat bottoms about two feet across. He carries a foghorn.*]

HOUND : Lady Muldoon?

Complete the commentary below by filling in the blank with the ONE most appropriate word from the excerpt. Then, identify what Cynthia and Felicity think the underlined part is, respectively.

⌐ Commentary ⌐

As the residents of Muldoon Manor hear the special police message about a dangerous madman possibly lurking nearby, a sense of _____ that their safety may be at risk arises.

2020학년도

📖 모범답안 p.13

01 Read the excerpt from a novel and follow the directions. [4 points] 전공B 서술형 5번

My father is a failed documentary filmmaker. I say failed because he made only one film in his life. But for a short time in the late seventies, when I was growing up, he achieved what he would later refer to as moderate fame. The source of his moderate fame was a short documentary film about a group of Shoshone Indians living in southern Nevada. I doubt that anybody remembers the film now, but in the weeks and months that followed its release, my father received critical acclaim at several small film festivals, earned some grant money, and garnered enough [⋯] courage to continue making films for another ten years. To my knowledge, he never completed another film after that, but instead spent the next ten years of his life jumping around from one project to the next, shooting for several weeks or months, then eventually abandoning the current film for another that he believed had more _____.

My mother and I were living in southern California, where she worked as a lawyer, and every few months my father would call from a different part of the country with news of his latest concept—it was always his best yet—and ask my mother to sell something of his, or cash a bond, or take out another mortgage on the house. And finally, when there was nothing left to sell, he began to simply ask her for loans. Technically my parents were separated by then, but my mother was still very much in love with him, never stopped loving him, and worse, she believed with an almost stubborn myopia in his talent. She wanted my father to succeed, perhaps even more than he did, and to this day I still think this was her greatest flaw.

I can say now, twenty years later, that my father was never destined for the type of fame he once hoped to achieve. He was never meant to be a great filmmaker (few documentarians are), and he was never meant to receive even the lesser distinctions that so many of his contemporaries enjoyed. <u>The small amount of talent he did possess only seemed to serve as a source of frustration for him</u>, a constant reminder of some vague, unrealized potential. But at the time—this was in my early childhood—I believed fully in his potential, and though I missed him dearly, I never once faulted him for being away so often.

Fill in the blank with the ONE most appropriate word from the excerpt. Then, explain the underlined part in terms of the life-goal of the narrator's father.

_____

_____

_____

_____

_____

02 Read the poem and follow the directions. [4 points]

전공B 서술형 7번

In summer's mellow midnight,
A cloudless moon shone through
Our open parlor window
And rosetrees wet with dew.

I sat in silent musing,
The soft wind waved my hair:
It told me Heaven was glorious,
And sleeping Earth was fair.

I needed not its breathing
To bring such thoughts to me,
But still it whispered lowly,
"How dark the woods will be!

"The thick leaves in my murmur
Are rustling like a dream,
And all their myriad voices
Instinct* with spirit seem."

I said, "Go, gentle singer,
Thy wooing voice is kind,
But do not think its music
Has power to reach my mind.

"Play with the scented flower,
The young tree's supple bough,
And leave my human feelings
In their own course to flow."

The wanderer would not leave me;
Its kiss grew warmer still—
"O come," it sighed so sweetly,
"I'll win thee 'gainst thy will.

"Have we not been from childhood friends?
Have I not loved thee long?
As long as thou hast loved the night
<u>Whose silence wakes my song.</u>

"And when thy heart is laid at rest
Beneath the church-yard stone
I shall have time enough to mourn
And thou to be alone."

* *Infused*

Complete the commentary below by filling in each blank with the ONE most appropriate word from the poem, respectively. Then, explain what the underlined part in the poem means.

⌐ Commentary ⌐

Personification gives the attributes of a human being to an animal, an object, or a concept. In the poem, the "wind" is personified as a(n) "_____" and a(n) "_____." This use of personification offers clues to understanding the speaker's relationship with nature.

03 Read the passage and follow the directions. [4 points]

The sappers* have already mapped most of the area. YOLLAND*'s official task, which* OWEN *is now doing, is to take* [⋯] — *every hill, stream, rock, even every patch of ground which possessed its own distinctive Irish name* — *and Anglicize it, either by changing it into its approximate English sound or by translating it into English words.*[⋯] OWEN*'s official function as translator is to pronounce each name in Irish and then provide the English translation.*

OWEN   : Now. Where have we got to? Yes—the point where that stream enters the sea—that tiny little beach there. George!

YOLLAND : Yes. I'm listening. What do you call it? Say the Irish name again?

OWEN   : Bun na hAbhann.

YOLLAND : Again.

OWEN   : Bun na hAbhann.

YOLLAND : Bun na hAbhann.

OWEN   : That's terrible, George.

YOLLAND : I know. I'm sorry. Say it again.

OWEN   : Bun na hAbhann.

YOLLAND : Bun na hAbhann.

OWEN   : That's better. Bun is the Irish word for bottom. And Abha means river. So it's literally the mouth of the river.

YOLLAND : Let's leave it alone. There's no English equivalent for a sound like that.

OWEN   : What is it called in the church registry?

           [*Only now does* YOLLAND *open his eyes.*]

YOLLAND : Let's see ... Banowen.

OWEN   : That's wrong. [*Consults text.*] The list of freeholders calls it Owenmore—that's completely wrong: [⋯] And in the grand jury lists it's called—God!—Binhone!— wherever they got that.

I suppose we could Anglicize it to Bunowen; but somehow <u>that's neither fish nor flesh</u>.

[YOLLAND *closes his eyes again.*]

YOLLAND : I give up.

OWEN : [*At map.*] Back to first principles. What are we trying to do?

YOLLAND : Good question.

OWEN : We are trying to denominate and at the same time describe that tiny area of soggy, rocky, sandy ground where that little stream enters the sea, an area known locally as Bun na hAbhann ... Burnfoot! What about Burnfoot!

YOLLAND : [*Indifferently.*] Good, Roland. Burnfoot's good.

OWEN : George, my name isn't ...

YOLLAND : B-u-r-n-f-o-o-t?

OWEN : I suppose so. What do you think?

YOLLAND : Yes.

OWEN : Are you happy with that?

YOLLAND : Yes.

OWEN : Burnfoot it is then. [*He makes the entry into the Name-Book.*]
[…]

YOLLAND : You're becoming very skilled at this.

OWEN : We're not moving fast enough.

YOLLAND : [*Opens eyes again.*] Lancey lectured me again last night.

OWEN : When does he finish here?

YOLLAND : The sappers are pulling out at the end of the week. The trouble is, the maps they've completed can't be printed without these names. So London screams at Lancey and Lancey screams at me. But I wasn't intimidated. […] 'I'm sorry, sir,' I said, 'But certain tasks demand their own tempo. You cannot rename a whole country overnight.' Your Irish air has made me bold.

* Soldiers whose job involves digging, building, and map-making

Complete the commentary below by filling in the blank with the ONE most appropriate word from the excerpt. Then, regarding the underlined part, explain what Owen thinks of the word "Bunowen."

⌐ Commentary ⌐

Yolland has been commissioned to remap Ireland with Anglicized place-names. For some reason, however, he shows little concern about finishing the mission on time. He even ignores his superior officer Lancey's order to increase his _____.

_____

_____

_____

_____

_____

2019학년도

📖 모범답안 p.17

01 **Read the excerpt from a play and follow the direction.** [2 points] 전공A 기입형 6번

PARRITT : What do they do for a living?

LARRY : As little as possible. Once in a while one of them makes a successful touch somewhere, and some of them get a few dollars a month from connections at home who pay it on condition they never come back. For the rest, they live on free lunch and their old friend, Harry Hope, who doesn't give a damn what anyone does or doesn't do, as long as he likes you.

PARRITT : It must be a tough life.

LARRY : It's not. Don't waste your pity. They wouldn't thank you for it. They manage to get drunk, by hook or crook, and keep their pipe dreams, and that's all they ask of life. I've never known more contented men. It isn't often that men attain the true goal of their heart's desire. The same applies to Harry himself and his two cronies at the far table. He's so satisfied with life he's never set foot out of this place since his wife died twenty years ago. He has no need of the outside world at all. This place has a fine trade from the Market people across the street and the waterfront workers, so in spite of Harry's thirst and his generous heart, he comes out even. He never worries in hard times because there's always old friends from the days when he was a jitney Tammany politician, and a friendly brewery to tide him over. Don't ask me what his two pals work at because they don't. Except at being his lifetime guests.

Complete the commentary below by filling in the blank with the TWO most appropriate consecutive words from the passage.

───── ⌐ Commentary ⌐ ─────

The different types of characters mentioned in Larry and Parritt's conversation in Harry Hope's bar dwell on _____. They sentimentally reminisce about their glory days while loafing around doing nothing. It is self-delusion rather than self-knowledge that sustains them.

02 Read the passage and follow the directions. [2 points]

When I came to my castle, for so I think I call'd it even after this, I fled into it like one pursued; whether I went over by the ladder as first contriv'd, or went in at the hole in the rock, which I call'd a door, I cannot remember; no, nor could I remember the next morning, for never frighted hare fled to cover, or fox to earth, with more terror of mind than I to this retreat.

I slept none that night; the farther I was from the occasion of my fright, the greater my apprehensions were, which is something contrary to the nature of such things, and especially to the usual practice of all creatures in fear: But I was so embarrass'd with my own frightful Ideas of the thing, that I form'd nothing but dismal imaginations to my self, even tho' I was now a great way off of it. Sometimes I fancy'd it must be the devil; and reason joyn'd in with me upon this supposition: For how should any other thing in human shape come into the place? Where was the vessel that brought them? What marks was there of any other footsteps? And how was it possible a man should come there? But then to think that Satan should take human shape upon him in such a place where there could be no manner of occasion for it, but to leave the print of his foot behind him, and that even for no purpose too, for he could not be sure I should see it; this was an amusement the other way; I consider'd that the devil might have found out abundance of other ways to have terrify'd me than this of the single print of a foot. That as I liv'd quite on the other side of the island, he would never have been so simple to leave a mark in a place where 'twas ten thousand to one whether I should ever see it or not, and in the sand too, which the first surge of the sea upon a high wind would have defac'd entirely: All this seem'd inconsistent with the thing it self, and with all the notions we usually entertain of the subtilty of the devil.

Complete the commentary below by filling in the blank with the ONE most appropriate word from the passage.

┤ Commentary ├

In this scene, instead of rejoicing at the possibility of rescue or of a companion, the narrator reacts with fear. His apprehension is intensified because where he expected to find a trail of _____, he only found one.

03 Read the poem and follow the directions. [4 points]

Promise me no promise,
So will I not promise you;
Keep we both our liberties,
Never false and never true:
Let us hold the die uncast,
Free to come as free to go;
For I cannot know your past,
And of mine what can you know?

You, so warm, may once have been
Warmer towards another one;
I, so cold, may once have seen
Sunlight, once have felt the sun:
Who shall show us if it was
Thus indeed in time of old?
Fades the image from the glass
And the fortune is not told.

If you promised, you might grieve
For lost liberty again;
If I promised, I believe
I should fret to break the chain:
Let us be the friends we were,
Nothing more but nothing less;
Many thrive on frugal fare
Who would perish of excess.

Complete the commentary below by filling in the blank with the ONE most appropriate word from the poem. Then, explain what the underlined part means. Do NOT copy more than TWO consecutive words from the poem.

| Commentary |

In the poem the speaker tells the man, "Promise me no promises." She is unwilling to be committed to the man, suggesting that they should remain as _____.

_____

_____

_____

_____

_____

04 Read the passage and follow the directions. [4 points]

(A) When about midway of a certain block the policeman suddenly slowed his walk. In the doorway of a darkened hardware store a man leaned, with an unlighted cigar in his mouth. As the policeman walked up to him the man spoke up quickly. "It's all right, officer," he said, reassuringly. "I'm just waiting for a friend. It's an appointment made twenty years ago. Sounds a little funny to you, doesn't it? Well, I'll explain if you'd like to make certain it's all straight. About that long ago there used to be a restaurant where this store stands—'Big Joe' Brady's restaurant." "Until five years ago," said the policeman. "It was torn down then." The man in the doorway struck a match and lit his cigar. The light showed a pale, square-jawed face with keen eyes, and a little white scar near his right eyebrow. His scarfpin was a large diamond, oddly set.

(B) The policeman twirled his club and took a step or two. "I'll be on my way. Hope your friend comes around all right. Going to call time on him sharp?" "I should say not!" said the other. "I'll give him half an hour at least. If Jimmy is alive on earth he'll be here by that time. So long, officer." "Good-night, sir," said the policeman, passing on along his beat, trying doors as he went.

(C) About twenty minutes he waited, and then a tall man in a long overcoat, with collar turned up to his ears, hurried across from the opposite side of the street. He went directly to the waiting man. "Is that you, Bob?" he asked, doubtfully. "Is that you, Jimmy Wells?" cried the man in the door. "Bless my heart!" exclaimed the new arrival, grasping both the other's hands with his own. "It's Bob, sure as fate. I was certain I'd find you here if you were still in existence. Well, well, well!—twenty years is a long time. The old restaurant's gone, Bob; I wish it had lasted, so we could have had another dinner there. How has the West treated you, old man?" "Bully; it has given me everything I asked it for. You've changed lots, Jimmy. I never thought you were so tall by two or three inches." "Oh, I grew a bit after I was twenty."

(D) At the corner stood a drug store, brilliant with electric lights. When they came into this glare each of them turned simultaneously to gaze upon the other's face. The man from the West stopped suddenly and released his arm. "You're not Jimmy Wells," he snapped. "Twenty years is a long time, but not long enough to change a man's nose from a Roman to a pug." "It sometimes changes a good man into a bad one," said the tall man. "You've been under arrest for ten minutes, 'Silky' Bob. Chicago thinks you may have dropped over our way and wires us she wants to have a chat with you. Going quietly, are you? That's sensible. Now, before we go on to the station here's a note I was asked to hand you. You may read it here at the window. It's from Patrolman Wells." The man from the West unfolded the little piece of paper handed him. His hand was steady when he began to read, but it trembled a little by the time he had finished. The note was rather short. "Bob: I was at the appointed place on time. When you struck the match to light your cigar I saw it was the face of the man wanted in Chicago. Somehow I couldn't do it myself, so I went around and got a plain clothes man to do the job. JIMMY."

Situational irony occurs when expected outcomes do not happen, or when they are the opposite of what is expected. First, identify the section (A, B, C, D) where the irony is revealed. Then, regarding the underlined part, explain what he couldn't do and why he couldn't do it.

_____

_____

_____

_____

_____

2018학년도

📖 모범답안 p.20

01 **Read the poem and follow the directions.** [2 points]　　전공A 기입형 6번

A king. He waits. A musician enters.

King　　　　: Ah. Didn't see you come in. You're a...

Composer : Bachweist, your Majesty.

King　　　　: And what can you do for me?

Composer : I can make you immortal.

King　　　　: Already been taken care of.

Composer : I can delight you.

King　　　　: Kings don't delight, Bachweist, children delight.

Composer : I can carry you away on gossamer wings of melody.

King　　　　: Bachweist, you better kneel down. [*Bachweist does.*] I'm not interested in your talent, man, it's peripheral to the real business of governing, or even living for that matter. Oh, it's useful with women, but my position is a stronger attraction than that. Only other musicians could possibly be interested in music in any meaningful way. And critics, of course, as a way of making a reputation. No, Bachweist, what I want from you is the following: a few ceremonial pieces on demand, hummable, naturally. A printable paragraph on my respect for and understanding of art. Some good groveling to make clear my position, and a resolute and articulated belief that you haven't been censored in anyway. Satire might sometime be a problem, Bachweist, but that's beyond the province of serious music, in any case.

Complete the commentary below by filling in the blank with the TWO most appropriate consecutive words from the passage.

> The king is not satisfied with the composer's replies as to the possible services that he can offer. What is interesting, though, is the way the king clarifies his dissatisfaction. He has the composer "groveling" not just figuratively but also literally by commanding the composer to _____, a command that makes clear his "position."

02 Read the poem and follow the directions. [4 points]

Rite of Passage

As the guests arrive at my son's party
they gather in the living room—
short men, men in first grade
with smooth jaws and chins.
Hands in pockets, they stand around
jostling, jockeying for place, small fights
breaking out and calming. One says to another
How old are you? Six. I'm seven. So?
They eye each other, seeing themselves
tiny in the other's pupils. They clear their
throats a lot, a room of small bankers,
they fold their arms and frown. *I could beat you
up,* a seven says to a six,
the dark cake, round and heavy as a
turret, behind them on the table. My son,
freckles like specks of nutmeg* on his cheeks,
chest narrow as the balsa* keel of a
model boat, long hands
cool and thin as the day they guided him
out of me, speaks up as a host
for the sake of the group.
We could easily kill a two-year-old,
he says in his clear voice. The other
men agree, they clear their throats
like Generals, they relax and get down to
playing war, celebrating my son's life.

* *nutmeg : a powdered brown spice*

* *balsa : a tropical American tree or the wood from this tree*

Considering the title of the poem, explain why the speaker describes the guests as "short men" (line 3), not little boys. Then, complete the commentary below with the TWO most appropriate consecutive words from the poem.

> The birthday cake shaped like "a turret" juxtaposes playfulness and violence because a birthday cake evokes enjoyment, whereas the word "turret" reminds us of a military weapon. In a related way, the activity of _____ can be interpreted to symbolize the same contradictory elements.

03 Read the passage and follow the directions. [4 points]

While Ashbury was still in New York, he had written a letter to his mother which filled two notebooks. He knew, of course, that his mother would not understand the letter at once. Her literal mind would require some time to discover the significance of it, but he thought she would be able to see that he forgave her for all she had done to him. For that matter, he supposed that she would realize what she had done to him only through the letter.

If reading it would be painful to her, writing it had sometimes been unbearable to him—for in order to face her, he had had to face himself. "I came here to escape the slave's atmosphere of home," he had written, "to find freedom, to liberate my imagination, to take it like a hawk and set it 'whirling off into the widening gyre' (Yeats) and what did I find? It was not capable of flight. It was some bird you had domesticated, refusing to come out!" The next words were underscored twice. "I have no imagination. I have no talent. I can't create. I have nothing but the desire for these things. Why didn't you kill that too? Woman, why did you pinion me?"

Explain why Ashbury thinks that his mother might not immediately grasp the message he wants to get across through his letter. (Do NOT copy more than THREE consecutive words from the passage.) Then, complete the commentary below by filling in the blank with the ONE most appropriate word from the passage.

Ashbury employs figurative language to represent his imagination as a(n) _____ animal in contrast to Yeats' wild hawk.

_____

_____

_____

_____

2017학년도

모범답안 p.23

01 **Read the poem and follow the directions.** [2 points]   전공A 기입형 5번

> The flower that smiles today
>   Tomorrow dies;
> All that we wish to stay,
>   Tempts and then flies.
> What is this world's delight?
> Lightning that mocks the night,
>   Brief even as bright.
>
> Virtue, how frail it is!
>   Friendship how rare!
> Love, how it sells poor bliss
>   For proud despair!
> But we, though soon they fall,
> Survive their joy and all
>   Which ours we call.
>
> Whilst skies are blue and bright,
>   Whilst flowers are gay,
> Whilst eyes that change ere night
>   Make glad the day,
> Whilst yet the calm hours creep,
> Dream thou—and from thy sleep
>   Then wake to weep.

Complete the statement by filling in the blank with the ONE most appropriate word from the poem.

> One theme in the poem is that all good things in life come to an end, and as a result, we are left with the feeling of _____.

02 Read the passage and follow the directions. [4 points]

As time went by, Freddie Drummond found himself more frequently crossing the Slot and losing himself in South of Market...

Somewhere in his make-up there was a strange twist or quirk. Perhaps it was a recoil from his environment and training, or from the tempered seed of his ancestors, who had been bookmen generation preceding generation; but at any rate, he found enjoyment in being down in the working-class world. In his own world he was "Cold-Storage," but down below he was "Big" Bill Totts, who could drink and smoke, and slang and fight, and be an all-around favorite. Everybody liked Bill, and more than one working girl made love to him. At first he had been merely a good actor, but as time went on, <u>simulation became second nature</u>. He no longer played a part, and he loved sausages, sausages and bacon, than which, in his own proper sphere, there was nothing more loathsome in the way of food.

From doing the thing for the need's sake, he came to doing the thing for the thing's sake. He found himself regretting as the time drew near for him to go back to his lecture-room and his inhibition...

Explain what the underlined part means by including one example of "simulation" from the passage. Do NOT copy more than FOUR consecutive words from the passage. Then, complete the commentary below with TWO consecutive words from the passage.

Freddie, whose job is a college professor, experiences something unusual as he starts to mingle with people outside "his own proper sphere." Until then, Freddie used to do things for the _____, such as giving a lecture.

---

03 Read the passage and follow the directions. [4 points]

(Sitting weakly in the wheelchair, Vivian recites a poem and continues with a monologue.)

Vivian :

This is my playes last scene, here heavens appoint

My pilgrimages last mile; and my race

Idly, yet quickly runne, hath this last pace,

My spans last inch, my minutes last point,

And gluttonous death will instantly unjoynt

My body, 'and soule

John Donne. 1609.

I have always particularly liked that poem. In the abstract. Now I find the image of "my minute's last point" a little too, shall we *say, pointed*.

I don't mean to complain, but I am becoming very sick. Very, very sick. Ultimately sick, as it were.

In everything I have done, I have been steadfast, resolute—some would say in the extreme. Now, as you can see, I am distinguishing myself in illness.

I have survived eight treatments of Hexamethophosphacil and Vinplatin at the *full* dose, ladies and gentlemen. I have broken the record. I have become something of a celebrity. Jason Posner is simply delighted. I think he foresees celebrity status for himself upon the appearance of the medical journal article he will no doubt write about me.

But I flatter myself. The article will not be about *me*. It will be about my ovaries, which, despite his best intentions, are now crawling with cancer.

What we have come to think of as *me* is, in fact, just the specimen jar, just the dust jacket, just the white piece of paper that bears the little black marks.

Based on the passage, explain what makes Vivian feel personal about John Donne's poem cited in her monologue. Then, based on the passage, identify Jason Posner's occupation.

_____

_____

_____

_____

_____

2016학년도

📖 모범답안 p.26

01 **Read the poem and follow the directions.** [2 points]

전공A 기입형 2번

> Some time when the river is ice ask me
> mistakes I have made. Ask me whether
> what I have done is my life. Others
> have come in their slow way into
> my thought, and some have tried to help
> or to hurt—ask me what difference
> their strongest love or hate has made.
>
> I will listen to what you say.
> You and I can turn and look
> at the silent river and wait. We know
> the current is there, hidden; and there
> are comings and goings from miles away
> that hold the stillness exactly before us.
> What the river says, that is what I say.

Complete the commentary by filling in the blank with ONE word from the poem.

┤ Commentary ├

Out there will be the world confronting us both; we will both know we are surrounded by mystery, tremendous things that do not reveal themselves to us. That river, that world—and our lives—all share the depth and _____ of much more significance than our talk, or intentions. There is a steadiness and somehow a solace in knowing that what is around us so greatly surpasses our human concerns.

02 Read the passage and write TWO consecutive words from the passage that show what Steve thinks psychoanalysis does. [2 points] 전공A 기입형 4번

HENRIETTA : It's like this, Mabel. You want something. You think you can't have it. You think it's wrong. So you try to think you don't want it. Your mind protectsyou—avoids pain—by refusing to think the forbidden thing. But it's there just the same. It stays there shut up in your unconscious mind, and it festers.

STEVE : Sort of an ingrowing mental toenail.

HENRIETTA : Precisely. The forbidden impulse is there full of energy which has simply got to do something. It breaks into your consciousness in disguise, masks itself in dreams, makes all sorts of trouble. In extreme cases it drives you insane.

MABEL [*with a gesture of horror*] : Oh!

HENRIETTA [*reassuring*] : But psychoanalysis has found out how to save us from that. It brings into consciousness the suppressed desire that was making all the trouble. Psychoanalysis is simply the latest scientific method of preventing and curing insanity.

STEVE [*from his table*] : It is also the latest scientific method of separating families.

HENRIETTA [*mildly*] : Families that ought to be separated.

STEVE : The Dwights, for instance. You must have met them, Mabel, when you were here before. Helen was living, apparently, in peace and happiness with good old Joe. Well—she went to this psychoanalyzer—she was "psyched," and biff!—bang!—home she comes with an unsuppressed desire to leave her husband. [*He starts work, drawing lines on a drawing board with a T-square.*]

MABEL   : How terrible! Yes, I remember Helen Dwight. But—but did she have such a desire?

STEVE   : First she'd known of it.

MABEL   : And she *left* him?

HENRIETTA [*cooly*] : Yes, she did.

MABEL   : Wasn't he good to her?

HENRIETTA : Why, yes, good enough.

MABEL   : Wasn't he kind to her?

HENRIETTA : Oh, yes—kind to her.

MABEL   : And she left her good, kind husband—!

HENRIETTA : Oh, Mabel! "Left her good, kind husband!" How naive—forgive me, dear, but how bourgeois you are! She came to know herself. And she had the courage!

MABEL   : I may be very naive and—bourgeois—but I don't see the good of a new science that breaks up homes.

[STEVE *applauds*.]

03 Read the passage and follow the directions. [4 points]

A little lamp with a white china shade stood upon the table and its light fell over a photograph which was enclosed in a frame of crumpled horn. It was Annie's photograph. Little Chandler looked at it, pausing at the thin tight lips. She wore the pale blue summer blouse which he had brought her home as a present one Saturday. It had cost him ten and elevenpence; but what an agony of nervousness it had cost him! How he had suffered that day, waiting at the shop door until the shop was empty, standing at the counter and trying to appear at his ease while the girl piled ladies' blouses before him, paying at the desk and forgetting to take up the odd penny of his change, being called back by the cashier, and finally, striving to hide his blushes as he left the shop by examining the parcel to see if it was securely tied. When he brought the blouse home Annie kissed him and said it was very pretty and stylish; but when she heard the price she threw the blouse on the table and said it was a regular swindle to charge ten and eleven pence for it. At first she wanted to take it back, but when she tried it on she was delighted with it, especially with the make of the sleeves, and kissed him and said he was very good to think of her.

Hm! ...

He looked coldly into the eyes of the photograph and they answered coldly. Certainly they were pretty and the face itself was pretty. But he found something mean in it. Why was it so unconscious and ladylike? The composure of the eyes irritated him. They repelled him and defied him: there was no passion in them, no rapture. He thought of what Gallaher had said about rich Jewesses. Those dark Oriental eyes, he thought, how full they are of passion, of voluptuous longing!... Why had he married the eyes in the photograph?

He caught himself up at the question and glanced nervously round the room. He found something mean in the pretty furniture which he had bought for his house on the hire system. Annie had chosen it herself and it reminded him of her. It too was prim and pretty. A dull resentment against his life awoke within him. Could he not escape from his little house? Was it too late for him to try to live bravely like Gallaher? Could he go to London? There was the furniture still to be paid for. If he could only write a book and get it published, that might open the way for him.

Explain what the underlined words mean. Then write ONE word from the passage that best describes the emotional state of the main character in his home.

_____

_____

_____

_____

_____

2015학년도

📖 모범답안 p.29

01 **Read the poem and follow the directions.** [2 points]   전공A 기입형 6번

I look into my glass,
And view my wasting skin,
And say, "Would God it came to pass
My heart had shrunk as thin!"

For then, I, undistrest
By hearts grown cold to me,
Could lonely wait my endless rest
With equanimity.

But Time, to make me grieve,
Part steals, lets part abide;
And shakes this fragile frame at eve
With throbbings of noontide.

Complete the statement by filling in the blank with ONE word from the poem.

The speaker's distress will come to _____ when bodily and emotional deterioration go hand in hand.

02 Read the passage and follow the directions. [2 points]

We know nothing of David Swan until we find him, at the age of twenty, on the road to the city of Boston, where he will work at his uncle's grocery store. After journeying on foot from sunrise till nearly noon on a summer's day, his tiredness and the increasing heat force him to rest in the first convenient shade, and wait for a stage-coach. As if planted on purpose, there soon appeared a small growth of maple trees, with a delightful clearing in the middle beside a fresh bubbling spring. He kissed it with his thirsty lips, and then flung himself beside it, pillowing his head upon some shirts. The spring murmured drowsily beside him and a deep sleep fell upon David Swan.

While he lay sound asleep in the shade, other people were wide awake, and passed here and there along the sunny road by his bed. Some looked neither to the right nor to the left, and never knew he was there; some laughed to see how soundly he slept; and several, whose hearts were brimming with scorn, spoke aloud their criticism of David Swan. Soon, a wealthy merchant with no heir considered waking him to share his fortune, but walked away. A beautiful young woman, momentarily touched by his peacefulness, considered loving him, but continued on her way. Two dark and dangerous thieves considered taking his life for his wallet, but decided they did not have time. But disapproval, praise, amusement, scorn, and indifference, were all one, or rather all nothing, and had no influence on the sleeping David Swan.

He slept, but no longer so quietly as at first. Now he stirred as a noise of wheels came rattling louder and louder along the road, until it rushed into the sleepy mist of David's rest—and there was the stage-coach. He rose, with all his ideas about him. He knew not that the possibility of Wealth or Love or Death had recently stood beside him—all, in the brief hour since he lay down to sleep.

Sleeping or waking, we rarely hear the soft footsteps of the strange things that almost happen. Doesn't this argue that there is a superintending Providence that, while viewless and unexpected events throw themselves continually in our path, there should still exist enough regularity in mortal life for us to foresee at least some of the possibilities available to us?

Complete the commentary by filling in the blank with ONE word from the passage.

⌐ Commentary ⌐

The passage conveys that we are unaware of many events in our lives which could _____ our destiny. The occurrences are frequent but we do not notice them. Thus, we must wonder if it is better to know all of one's possibilities or if this knowledge is too much for an individual to comprehend.

03 **Read the excerpt from a play and follow the directions.** [2 points] 전공A 기입형 9번

> [*PETER reacts scoffingly.*]
>
> Jerry : Yes, Peter; friend. That's the only word for it. I was heart-shatteringly et cetera to confront my doggy friend again. I came in the door and advanced, unafraid, to the center of the entrance hall. The beast was there ... looking at me. And, you know, he looked better for his scrape with the nevermind. I stopped; I looked at him; he looked at me. I think ... I think we stayed a long time that way ... still, stone-statue ... just looking at one another. I looked more into his face than he looked into mine. I mean, I can concentrate longer at looking into a dog's face than a dog can concentrate at looking into mine, or into anybody else's face, for that matter. But during that twenty seconds or two hours that we looked into each other's face, we made contact. Now, here is what I had wanted to happen : I loved the dog now, and I wanted him to love me. I had tried to love, and I had tried to kill, and both had been unsuccessful by themselves. I hoped ... and I don't really know why I expected the dog to understand anything, much less my motivations ... I hoped that the dog would understand. [PETER *seems to be hypnotized.*] It's just ... it's just that ... [JERRY *is abnormally tense, now.*] ... it's just that if you can't deal with people, you have to make a start somewhere. WITH ANIMALS! [Much faster now, and like a conspirator] Don't you see? A person has to have some way of dealing with SOMETHING. If not with people ... SOMETHING... A dog. It seemed like a perfectly sensible idea. Man is a dog's best friend, remember. So : the dog and I looked at each other. I longer than the dog. And what I saw then has been the same ever since. Whenever the dog and I see each other we both stop where we are. The dog and I have attained a compromise; more of a bargain, really. We neither love nor hurt because we do not try to reach each other. And, was trying to feed the dog an act of love? And, perhaps, was the dog's attempt to bite me not an act of love? If we can so misunderstand, well then, why have we invented the word love in the first place?

[*There is silence.* JERRY *moves to Peter's bench and sits down beside him. This is the first time Jerry has sat down during the play.*]

The Story of Jerry and the Dog : the end.

[PETER *is silent.*]

Complete the commentary by filling in the blank with TWO consecutive words from the excerpt. Change the word form(s) if necessary.

⌐ Commentary ⌐

Jerry is desperate to have a meaningful conversation with Peter who lives in ignorance of the world outside his settled life. Jerry starts to _____ with an animal first in order to deal with Peter.

04 Read the excerpt and follow the directions. [5 points]

(A) There is a time in the life of every boy when he for the first time takes a backward view of life. Perhaps that is the moment when he crosses the line into manhood. George is walking through the street of his town. He is thinking of the future and of the figure he will cut in the world. Ambitions and regrets awake within him. Suddenly something happens; he stops under a tree and waits as for a voice calling his name. Ghosts of old things creep into his consciousness; the voices outside of himself whisper a message concerning the limitations of life. From being quite sure of himself and his future he becomes not at all sure.

(B) If he be an imaginative boy a door is torn open and for the first time he looks out upon the world, seeing, as though they marched in procession before him, the countless figures of men who before his time have come out of nothingness into the world, lived their lives and again disappeared into nothingness. The sadness of sophistication has come to the boy. With a little gasp he sees himself as merely <u>a leaf blown by the wind</u> through the streets of his village. He knows that in spite of all the stout talk of his fellows he must live and die in uncertainty, a thing blown by the winds, a thing destined like corn to wilt in the sun. He shivers and looks eagerly about. The eighteen years he has lived seem but a moment, a breathing space in the long march of humanity. Already he hears death calling. With all his heart he wants to come close to some other human, touch someone with his hands, be touched by the hand of another. If he prefers that the other be a woman, that is because he believes that a woman will be gentle, that she will understand. He wants, most of all, understanding.

A rite of passage is a transition associated with a crisis or a change of status for an individual. With this in mind, explain the figurative meaning of the underlined words in section (B). Support your explanation with TWO examples from section (A). Do NOT copy more than FIVE consecutive words from the excerpt.

_____

_____

_____

_____

_____

2014학년도

📖 모범답안 p.33

01 **Read the essay and follow the directions.** [2 points] 　　전공A 기입형 14번

> I learned this, at least, by my experiment; that if one advances confidently in the direction of his dreams, and endeavors to live the life which he has imagined, he will meet with a success unexpected in common hours. He will put some things behind, will pass an invisible boundary; new, universal, and more liberal laws will begin to establish themselves around and within him; or the old laws be expanded, and interpreted in his favor in a more liberal sense, and he will live with the license of a higher order of beings. In proportion as he simplifies his life, the laws of the universe will appear less complex, and solitude will not be solitude, nor poverty poverty, nor weakness weakness. If you have built castles in the air, your work need not be lost; that is where they should be. Now put the foundations under them.

Complete the idea that the essayist is conveying by filling in the blank with ONE word from the essay.

> To reach 'castles in the air' we have to have, and believe in, _____.

02 Read the excerpt from a novel and follow the directions. [2 points] 전공A 기입형 15번

"For some days I haunted the spot where these scenes had taken place; sometimes wishing to see you, sometimes resolved to quit the world and its miseries for ever. At length I wandered towards these mountains, and have ranged through their immense recesses, consumed by a burning passion which you alone can gratify. We may not part until you have promised to comply with my requisition. I am alone, and miserable; man will not associate with me; but one as deformed and horrible as myself would not deny herself to me. My companion must be of the same species, and have the same defects. This being you must create."

The being finished speaking, and fixed his looks upon me in expectation of a reply. But I was bewildered, perplexed, and unable to arrange my ideas sufficiently to understand the full extent of his proposition. He continued— "You, my creator, must create a female for me, with whom I can live in the interchange of those sympathies necessary for my being. This you alone can do; and I demand it of you as a right which you must not refuse to concede."

The latter part of his tale had kindled anew in me the anger that had died away while he narrated his peaceful life among the cottagers, and, as he said this, I could no longer suppress the rage that burned within me.

"I do refuse it," I replied; "and no torture shall ever extort a consent from me. You may render me the most miserable of men, but you shall never make me base in my own eyes. Shall I create another like yourself, whose joint wickedness might desolate the world? Begone! I have answered you; you may torture me, but I will never consent."

Below is an analysis of the excerpt above. Fill in the blank with ONE word from the excerpt.

Setting	a mountainous area
Characters	a creator and a being
Point of view	first-person narration
Conflict	a serious disagreement about the creation of a female creature which, the narrator imagines, would _____ the future of human beings

03 Read the poem and follow the directions. [5 points]

전공B 서술형 2번

Say not the struggle naught availeth,
  The labour and the wounds are vain,
The enemy faints not, nor faileth,
  And as things have been they remain.

If hopes were dupes, fears may be liars;
  It may be, in yon* smoke conceal'd,
Your comrades chase e'en now the fliers*,
  And, but for you, possess the field.

For while the tired waves, vainly breaking,
  Seem here no painful inch to gain,
Far back, through creeks and inlets making,
  Comes silent, flooding in, the main*.

And not by eastern windows only,
  When daylight comes, comes in the light;
In front the sun climbs slow, how slowly!
  But westward, look, the land is bright!

*yon : over there
*fliers : runaway soldiers
*the main : the sea

Describe the theme of the poem and explain how the metaphor, "the main" (Line 12), is related to the theme.

_____

_____

_____

_____

_____

유희태 영미문학 ❸

영미문학 기출

Part

02

2013~2009학년도
기출문제

2013학년도 1차

모범답안 p.35

01 Read <A> and <B> and answer the question. [1.5 points]

A

I saw her, pegging out her web
thin as a pressed flower in the bleaching light.
From the bushes a few small insects
clicked like opening seed-pods. I knew some
would be trussed up* by her and gone next morning.
She was so beautiful spinning her web
above the marigolds the sun had made
more apricot, more amber; any bee
lost from its solar flight could be gathered
back to the anther*, and threaded onto the flower like a jewel.

*truss up : tie up somebody's arms and legs so that they cannot move
*anther : the part of a flower that contains pollen

B
---

a. The poem describes the speaker's observation of the web-spinning in sunlight.
b. The speaker despises the spider's cruelty as it entraps insects in its web.
c. Poetic devices that are used in the poem include simile and visual images.
d. The example of onomatopoeia in line 4 describes the sound of insects.

Which of the following lists all and only the statements in <B> that correctly describe the poem in <A>?

① a, b   ② a, b, c

③ a, c, d   ④ b, c

⑤ c, d

02 Read <A> and <B> and answer the question. [2 points]

A

The house was left; the house was deserted... The swallows nested in the drawing-room; the floor was strewn with straw; the plaster fell in shovelfuls; rafters were laid bare; rats carried off this and that to gnaw behind the wainscots...

What power could now prevent the fertility, the insensibility of nature? Mrs McNab's dream of a lady, of a child, of a plate of milk soup? It had wavered over the walls like a spot of sunlight and vanished. She had locked the door; she had gone. It was beyond the strength of one woman, she said. They never sent. They never wrote. There were things up there rotting in the drawers—wit was a shame to leave them so, she said. The place was gone to rack and ruin. Only the Lighthouse beam entered the rooms for a moment, sent its sudden stare over bed and wall in the darkness of winter, looked with equanimity at the thistle and the swallow, the rat and the straw. Nothing now withstood them; nothing said no to them. Let the wind blow; let the poppy seed itself and the carnation mate with the cabbage. Let the swallow build in the drawing-room, and the thistle thrust aside the tiles, and the butterfly sun itself on the faded chintz of the arm-chairs. Let the broken glass and the china lie out on the lawn and be tangled over with grass and wild berries.

B

a. The passage shows Mrs. McNab's feeling of powerlessness to prevent nature from overtaking the abandoned home.

b. The house symbolizes the cycle of life—a life that had been lived, a life dying and decaying and finally being restored to new life.

c. The narrative voice denies time's power to erode and destroy, and confidently proposes that everything within the house will surely remain untouched by time.

d. Nothing now can stop decay and destruction from replacing the life that was once in the house.

Which of the following lists all and only the statements in <B> that correctly describe the passage in <A>?

① a, b   ② a, c

③ a, d   ④ b, c

⑤ c, d

03 Read the following and answer the question. [2.5 points]

A country woman (Mrs. Wright) is suspected of killing her husband in their isolated farmhouse. The county attorney, the sheriff, and a neighbor return to the scene of the crime, attempting to collect evidence. Mrs. Hale and Mrs. Peters accompany them to gather belongings for Mrs. Wright. In the course of the action, the two women accidentally turn up the evidence (a dead bird) which the men seek in vain.

MRS HALE   : She [Mrs Wright/Minnie Foster] liked the bird. She was going to bury it in that pretty box.

MRS PETERS : (*in a whisper*) When I was a girl—my kitten—there was a boy took a hatchet, and before my eyes—and before I could get there—(*covers her face an instant*) If they hadn't held me back I would have—(*catches herself, looks upstairs where steps are heard, falters weakly*)—hurt him.

MRS HALE   : (*with a slow look around her*) I wonder how it would seem never to have had any children around. (*pause*) No, Wright wouldn't like the bird—a thing that sang. She used to sing. He killed that, too.

MRS PETERS : (*moving uneasily*) We don't know who killed the bird.

MRS HALE   : I knew John Wright.

MRS PETERS : It was an awful thing was done in this house that night, Mrs Hale. Killing a man while he slept, slipping a rope around his neck that choked the life out of him.

MRS HALE   : His neck. Choked the life out of him. (*Her hand goes out and rests on the bird-cage.*)

MRS PETERS : (*with rising voice*) We don't know who killed him. We don't *know*.

MRS HALE   : (*her own feeling not interrupted*) If there'd been years and years of nothing, then a bird to sing to you, it would be awful—still, after the bird was still.

MRS PETERS : (*something within her speaking*) I know what stillness is. When we homesteaded in Dakota, and my first baby died —after he was two years old, and me with no other then—

MRS HALE   : (*moving*) How soon do you suppose they'l be through, looking for the evidence?

MRS PETERS : I know what stillness is. (*pulling herself back*) The law has got to punish crime, Mrs Hale.

MRS HALE   : (*not as if answering that*) I wish you'd seen Minnie Foster when she wore a white dress with blue ribbons and stood up there in the choir and sang. (*a look around the room*) Oh, I *wish* I'd come over here once in a while! That was a crime! That was a crime! Who's going to punish that?

MRS PETERS : (*looking upstairs*) We mustn'—take on.

Which of the following is LEAST likely to be inferred from the scene?

① Mrs. Peters sympathizes with Mrs. Wright through recollection of her own memories.

② Mrs. Hale reflects Mrs. Wright's husband would not have liked a thing that sang.

③ Mrs. Hale remembers the young, singing Minnie Foster and regrets not visiting her.

④ Mrs. Hale regrets maintaining a relationship with Mrs. Wright, who is suspected of a homicide.

⑤ Mrs. Peters recalls the stillness of her old homestead after her first baby died and relates it to Mrs. Wright's solitude.

04 Read the following and answer the question. [2 points]

Earth has not anything to show more fair:
Dull would he be of sight who could pass by
A sight so touching in its majesty:
This City now doth, like a garment, wear
The beauty of the morning; silent, bare,
Ships, towers, domes, theaters, and temples lie
Open unto the fields, and to the sky,
All bright and glittering in the smokeless air.
Never did sun more beautifully steep
In his first splendor, valley, rock, or hill;
Ne'r saw I, never felt, a calm so deep!
The river glideth at his own sweet will:
Dear God! the very houses seem asleep,
And all that mighty heart is lying still!

Which of the following is NOT true about the poem above?

① It presents a contrast between a city as a center of corruption and cruelty and the beauty of nature.

② It says that only a dull person would not appreciate the majestic scene of the city in the morning.

③ The exclamations in the last four lines in the poem reveal the narrator's outpouring of sheer joy.

④ The poem presents a kind of Italian sonnet that consists of an octave and a sestet.

⑤ The poetic devices used in the poem include simile and personification.

2013학년도 2차

모범답안 p.38

Below are the first eleven stanzas of the poem "Snake." Read and answer based on the excerpt. [20 points]

A snake came to my water-trough*
On a hot, hot day, and I in pyjamas for the heat,
To drink there.

In the deep, strange-scented shade of the great dark carob-tree*
I came down the steps with my pitcher
And must wait, must stand and wait, for there he was at the trough before me.

He reached down from a fissure in the earth-wall in the gloom
And trailed his yellow-brown slackness soft-bellied down, over the edge of the stone trough
And rested his throat upon the stone bottom,
And where the water had dripped from the tap, in a small clearness,
He sipped with his straight mouth,
Softly drank through his straight gums, into his slack long body,
Silently.

Someone was before me at my water-trough,
And I, like a second comer, waiting.

He lifted his head from his drinking, as cattle do,
And looked at me vaguely, as drinking cattle do,
And flickered his two-forked tongue from his lips, and mused a moment,
And stooped and drank a little more,
Being earth-brown, earth-golden from the burning bowels of the earth
On the day of Sicilian July, with Etna* smoking.

The voice of my education said to me
He must be killed,
For in Sicily the black, black snakes are innocent, the gold are venomous.

And voices in me said, If you were a man
You would take a stick and break him now, and finish him off.

But must I confess how I liked him,
How glad I was he had come like a guest in quiet, to drink at my water-trough
And depart peaceful, pacified, and thankless
Into the burning bowels of this earth?

Was it cowardice, that I dared not kill him?
Was it perversity, that I longed to talk to him?
Was it humility, to feel so honoured?
I felt so honoured.

And yet those voices:
If you were not afraid, you would kill him!

And truly I was afraid, I was most afraid,
But even so, honoured still more
That he should seek my hospitality
From out the dark door of the secret earth.

* trough: a long, narrow receptacle for holding water
* carob-tree: Mediterranean evergreen
* Etna: an active volcano of Sicily

The speaker of the above poem presents a unique moment of encounter with a snake on a hot day in Sicily. He compares the snake to a "guest," whose arrival makes him feel "honoured." First, locate THREE parts from the first five stanzas which imply that the speaker thinks of the snake as a special guest, and give an explanation for each. Second, explain why the speaker is hesitant to readily accept the snake as a guest, providing evidence from the last six stanzas. Third, name the literary device that produces a sound effect in the underlined part and discuss its purpose. Point out one more incidence of this effect elsewhere in the poem. Write your answer in 15 to 20 lines.

2012학년도 1차

📖 모범답안 p.40

01 Read <A> and <B> and answer the question. [2 points]

A

Every morning I lay on the floor in the front parlor watching her door. The blind was pulled down within an inch of the sash so that I could not be seen. In the classroom her image came between me and the page I strove to read, and yet her name was like a summons to all my foolish blood.

On Saturday evenings when my aunt went marketing I had to go to carry some of the parcels. We walked through the flaring streets, jostled by drunken men and bargaining women, the shrill litanies of shopboys, and the nasal chanting of street singers. These noises converged in a single sensation of life for me: I imagined that I bore my chalice safely through the of foes. Her name sprang to my lips at moments in strange prayers and praises which I myself did not understand. My eyes were often full of tears and at times a flood from my heart seemed to pour itself out into my bosom. I did not know whether I would ever speak to her or not or, if I spoke to her, how I could tell her of my confused adoration. But my body was like a harp and her words were like fingers running upon the wires.

One evening I went into the back drawing-room. I was a dark rainy evening and there was no sound in the house. Through one of the broken panes I heard the rain impinge upon the earth, the fine incessant needles of water playing in the sodden beds. Some distant lighted window gleamed below me. I was thankful that I could see so little. All my senses seemed to desire to veil themselves and, feeling that I was about to slip from them, I pressed the palms of my hands together until they trembled, murmuring: *O love! O love!* many times.

B

narration	interior monologue	a soliloquy or a confession of "I"'s love for "her"
protagonist	the narrator	a shy schoolboy
figurative expression	_____ (1) _____	"I"'s love for "her"

Which of the following is the most appropriate for (1) in <B>?

① the front parlor

② the flaring streets

③ the shrill litanies of shopboys

④ my chalice

⑤ the broken panes

02 Which of the following is a proper understanding of the passage? [1.5 points]

A colonial mansion, a hereditary estate, I would say a haunted house, and reach the height of romantic felicity—but that would be asking too much of fate!

Still I will proudly declare that there is something queer about it.

Else, why should it be let so cheaply? and why have stood so long so long untenanted?

There were greenhouses, too, but they are all broken now.

There was some legal trouble, I believe, something about the heirs and coheirs; anyhow, the place has been empty for years.

That spoils my ghostliness, I am afraid, but I don't care—there is something strange about the house—I can feel it.

I even said so to John one moonlight evening, but he said what I felt was a draught, and shut the window.

I get unreasonably angry with John sometimes. I'm sure I never used to be so sensitive. I think it is due to this nervous condition.

But John says if I feel so, I shall neglect proper self-control; so I take pains to control myself—before him, at least, and the makes me very tired.

I don't like our room a bit. I wanted one downstairs that opened onto the piazza and had roses all over the window, and such pretty old-fashioned chintz hangings! But John would not hear of it.

He said there was only one window and not room for two beds, and no near room for him if he took another.

He is very careful and loving, and hardly lets me stir without special direction.

I have a schedule prescription for each hour in the day; he takes all care from me, and so I feel basely ungrateful not to value it.

He said we came here solely on my account, that I was to have perfect rest and all the air I could get. "Your exercise depends on your strength, my dear," said he, "and your food somewhat on your appetite; but air you can absorb all the time." So we took the nursery at the top of the house.

① The narrator doesn't appreciate the care that John gives her.

② The narrator doesn't like the house because if feels haunted.

③ John thought that there was something strange about the house.

④ The narrator decided where she would stay in the mansion of her own will.

⑤ The narrator willingly follows John's directions to recover from her nervous breakdown.

03 Which of the following is the NOT correct about the play? [2 points]

TOM *enters dressed as a merchant sailor from alley, stage left, and strolls across the front of the stage to the fire-escape. There he stops and lights a cigarette. He addresses the audience.*

TOM : To begin with, I turn back time. I reverse it to that quaint period, the thirties, when the hugs middle class of America was matriculating in a school for the blind. <u>Their eyes had failed them, or they had failed their eyes, and so they were having their fingers pressed forcibly down on the fiery Braille alphabet of a dissolving economy</u>.

In Spain there was Guernica. Here there were disturbances of labor, sometimes pretty violent, in otherwise peaceful cities such as Chicago, Cleveland, Saint Louis...

This is the social background of the play.

[Music]

The play is memory.

Being a memory play, it is dimly lighted, it is sentimental, it is not realistic.

In memory everything seems to happen to music. That explains the fiddle in the wings.

I am the narrator of the play, and also a character in it.

The other characters are my mother, Amanda, my sister, Laura, and a gentleman caller who appears in the final scenes.

There is a fifth character in the paly who doesn't appear except in this larger-than-life-size photograph over the mantel.

This is our father who left us a long time ago.

The last we heard of him was a picture postcard from Mazatlan, on the Pacific coast of Mexico, containing a message of two words—"Hello—Good bye!" and no address.

I think the rest of the play will explain itself…

[AMANDA'*s voice becomes audible through the portieres.*]

① The scene is set inside a house.
② Tom gives an aside to the audience.
③ As narrator Tom offers an exposition.
④ Music is used to create sentimental mood.
⑤ The underline part implies that America lost its way.

04 Read <A> and <B> and answer the question. [2.5 points]

A

As I went down the hill along the wall
There was a gate I had leaned at for the view
And had just turned from when I first saw you
As you came up the hill. We met. But all
We did that day was mingle great and small   5
Footprints in summer dust as if we drew
The figure of our being <u>less than two</u>
<u>But more than one as yet</u>. Your parasol
Pointed the decimal off with one deep thrust.
And all the time we talked you seemed to see   10
Something down the there to smile at in <u>the dust</u>.
(Oh, it was without prejudice to me!)
Afterward I went past what you had passed
Before we met and you what I had passed.

B

a. The first eight lines are similar to the Italian sonnet in rhyme scheme.

b. "The dust" (line 11) is an example of simile.

c. The narrator is recalling the first meeting with the other character in the poem.

d. "less than two/But more than one as yet" (lines 7-8) indicates the beginning of their love for each other.

Which of the following lists all and only correct statements in <B> about the poem in <A>?

① a, b
② a, b, c
③ a, c, d
④ b, d
⑤ c, d

2012학년도 2차

모범답안 p.43

Read the poems and follow the directions. [20 points]

To a Daughter Leaving Home

When I taught you
at eight to ride
a bicycle, loping* along
beside you
as you wobbled away
on two round wheels,
my own mouth rounding
in surprise when you pulled
ahead down the curved
path of the park,
① I kept waiting
for the thud
of your crash as I
sprinted to catch up,
while you grew
smaller, ② more breakable
with distance,
pumping, pumping
for your life, ③ screaming
with laughter,
④ the hair flapping
behind you like a
handkerchief waving
goodbye.

lope : to jog swiftly

The Red Hat

It started before Christmas. Now our son
officially walks to school alone.
Semi-alone, it's accurate to say:
I or his father track him on the way.
He walks up on the east side of West End,
we on the west side. Glances can extend
(and do) across the street; not eye contact.
Already ties are feeling and not fact.
Straus Park is where these parallel paths part;
he goes alone from there. The watcher's heart
stretches, elastic in its love and fear,
toward him as we see him disappear,
striding briskly. Where two weeks ago,
holding a hand, he'd dawdle*, dreamy, slow,
he now is hustled forward by the pull
of something far more powerful than school.

The mornings we turn back to are no more
than forty minutes longer than before,
but they feel vastly different—flimsy*, strange,
wavering in the eddies* of this change,
empty, unanchored, perilously light
since the red hat vanished from our sight.

dawdle : to spend time idly
flimsy : feeble
eddies : swirling waters

The above two poems, one dealing with a story about a young girl's learning to ride a bicycle, the other about a young boy's learning to walk to school, are interpreted to share a common thematic idea. First, focusing on what is going on between the "I" and the young daughter, write about the thematic idea of the first poem in <u>less than two lines</u>. Second, explain the metaphorical meanings of the four underlined parts of the first poem in <u>one</u> paragraph. Third, in <u>another</u> paragraph, explain both literally and metaphorically what has been happening to the son between now and two weeks ago in the second poem.

2011학년도 1차

📖 모범답안 p.45

01 Read the excerpt from a novel and answer the question. [1.5 points]

"Mother," said the boy Paul one day, "why don't we keep a car of our own? Why do we always use Uncle's, or a taxi?"

"Because we're the poor members of the family," said the mother.

"But why are we, Mother?"

"Well—I suppose," she said slowly and bitterly, "it's because your father has no luck."

The boy was silent for some time.

"Is luck money, Mother?" he asked, rather anxiously.

"No, Paul. Not quite. It's what causes you to have money. If you're lucky, you have money. That's why it's better to be born lucky than rich. If you're rich, you may lose your money. But if you're lucky, you will always get more money."

"Oh! Will you? And is Father not lucky?"

"Very unlucky, I think," she said bitterly.

The boy watched her with uncertain eyes.

"Why?" he asked.

"I don't know. Nobody ever knows why one person is lucky and another unlucky."

"Don't they? Nobody at all? Does nobody know?"

"Perhaps God. But He never tells."

"He ought to, then. But aren't you lucky either, Mother?"

"I can't be, if I married an unlucky husband."

"But by yourself, aren't you?"

"I used to think I was, before I married. Now I think I am very unlucky."

Which of the following would LEAST likely be implied by the excerpt?

① Mother thinks that her life is influenced by her husband.

② Mother feels that her husband has no luck.

③ The family does not live in affluence.

④ Mother thinks she was better off before marriage.

⑤ Paul is not interested in how money and luck are related.

02 Read the excerpt from a play and answer the question. [2 points]

Willy : [*with hatred, threateningly*] The door of your life is wide open!

Biff : Pop! I'm a dime a dozen, and so are you!

Willy : [*turning on him now in an uncontrolled outburst*] I am not a dime a dozen! I am Willy Loman, and you are Biff Loman! [Biff *starts for* Willy, but *is blocked by* Happy. *In his fury*, Biff *seems on the verge of attacking his father.*]

Biff : I am not a leader of men, as you believe, Willy, and neither are you. You were never anything but a hard working drummer who landed in the ash can like all the rest of them! I'm one dollar an hour, Willy! I tried seven states and couldn't raise it. A buck an hour! Do you gather my meaning? I'm not bringing home any prizes any more, and you're going to stop waiting for me to bring them home!

Willy : [*directly to* Biff] You vengeful, spiteful mut! [Biff breaks from Happy. Willy, *in fright, starts up the stairs.* Biff *grabs* him.]

Biff : [*at the peak of his fury*] Pop, I'm nothing! I'm nothing, Pop. Can't you understand that? There's no spite in it any more. I'm just what I am, that's all. [Biff's *fury has spent itself, and he breaks down, sobbing, holding on* to Willy, *who dumbly fumbles for* Biff's *face.*]

Willy : [*astonished*] What're you doing? What're you doing? [*to* Linda] Why is he crying?

Biff : [*crying, broken*] Will you let me go, for Christ's sake? Will you take that phony dream and burn it before something happens? [*Struggling to contain himself, he pulls away and moves to the stairs.*] I'll go in the morning. Put him—put him to bed. [*Exhausted, Biff moves up the stairs to his room.*]

Willy : [*after a long pause, astonished, elevated*] Isn't that—isn't that remarkable? Biff—he likes me!

Which of the following is NOT a proper understanding of the excerpt?

① The climax in the excerpt occurs when Willy collapses emotionally.

② The tension in the excerpt develops based on the opposing views between a father and a son.

③ Willy is attempting to impose his hopes and dreams on Biff.

④ Biff's lines demonstrate a level of self-awareness.

⑤ The stage direction adds to the emotions in the lines.

03 Read the poem and its commentary and answer the question. [2 points]

> I used to think that grown-up people chose
> To have stiff backs and wrinkles round their nose,
> And veins like small fat snakes on either hand,
> On purpose to be grand.
> Till through the banisters I watched one day
> My great-aunt Etty's friend who was going away,
> And how her onyx beads had become unstrung.
> I saw her grope to find them as they rolled;
> And then I knew that she was helplessly old,
> As I was helplessly young.

| Commentary |

The poem tells us how a young person relates to the aging process. The speaker of the poem initially thought that elderly people ___(1)___ to have certain aging qualities until she observed her great-aunt's friend groping for her beads. This observation led the speaker to change her perspective: Both young and old people are ___(2)___ when it comes to the aging process.

Which of the following would best fit in the blanks?

	(1)	(2)
①	decided	strong-willed
②	decided	noble
③	preferred	defensive
④	preferred	powerless
⑤	hesitated	helpless

04 Read <A> and <B> and answer the question. [2.5 points]

A

He could get Carrie. Oh, yes, he could! He went back to the safe in the office and put his hand on the knob. Then he pulled the door open and took the drawer with the money quite out.

Lord! What was that? For the first time he was tense, as if a stern hand had been laid upon his shoulder. He looked fearfully around. Not a soul was present. Not a sound. Someone was shuffling by on the sidewalk. He took the box and the money and put it back in the safe. Then he partly closed the door again.

Those who have never heard that solemn voice of the ghostly clock which ticks with awful distinctness, "thou shalt," "thou shalt not," "thou shalt," "thou shalt not," are in no position to judge. We must remember that it may not be a knowledge of right, for no knowledge of right is predicated of the animal's instinctive recoil at evil. Men are still led by instinct before they are regulated by knowledge. When Hurstwood put the money back, his nature again resumed its case and daring. No one had observed him. He was quite alone. No one could tell what he wished to do. He could work this thing out for himself.

He took out the drawer again and lifted the bills. They were so smooth, so compact, so portable. How little they made, after all. He decided he would take them. Yes, he would. After he had all the money in the hand bag, a revulsion of feeling seized him again. He would not do it—No! Oh, the terror of being a fugitive from justice! He took out the two boxes and put all the money back. In his excitement he forgot what he was doing, and put the sums in the wrong boxes. As he pushed the door to, he thought he remembered doing it wrong and opened the door again. There were the two boxes mixed. He took them out and straightened the matter, but now the terror had gone. Why be afraid?

While the money was in his hand, the lock clicked. It had sprung! Did he do it? He grabbed at the knob and pulled vigorously. It had closed. Heavens! He was in for it now, sure enough.

B

Story Map

SETTING	In an office

⇩

CHARACTERS	Carrie; Hurstwood

⇩

CONFLICT	Hurstwood _____(1)_____.

⇩

EVENTS	1. Hurstwood stands before a large amount od cash in an unlocked safe.
	2. The safe locks accidentally.

⇩

RESOLUTION	Hurstwood _____(2)_____,

Which of the following would best fit in the blanks?

	(1)	(2)
①	finds difficulty in acting decisively	finds his morality rewarded
②	wavers between crime and conscience	falls a victim to chance
③	suffers from a sense of right	finds peace and tranquility
④	finds his evil tendency	sees his free-will flourish
⑤	desires to run away with Carrie	discovers the meaning of love

2011학년도 2차

모범답안 p.48

Read the following poem and follow the directions below. [15 points]

The History Teacher

Trying to protect his students' innocence
he told them the Ice Age was really just
the Chilly Age, a period of a million years
when everyone had to wear sweaters.

And the Stone Age became the Gravel Age,
named after the long driveways of the time.

The Spanish Inquisition* was nothing more
than an outbreak of questions such as
"How far is it from here to Madrid?"
"What do you call the matador's* hat?"

The War of the Roses* took place in a garden,
and the Enola Gay* dropped one tiny atom
on Japan.

The children would leave his classroom
for the playground to torment the weak
and the smart,
mussing up their hair and breaking their glasses,

while he gathered up his notes and walked home
past flower beds and white picket fences,
wondering if they would believe that soldiers
in the Boer War* told long, rambling stories
designed to make the enemy nod off.

* Spanish Inquisition : a Roman Catholic organization to punish heretics
* matador : a bullfighter
* War of the Roses : a dynastic war in England
* Enola Gay : the name of the bomber which dropped the atomic bomb on Hiroshima
* Boer War : a racist and colonialist war in South Africa

As a rhetorical device, understatement means saying less than one means. It may exist in what one says or in how one says it. In the above poem we can see that the history teacher uses understatement "to protect his students' innocence" when he explains violent historical events to the children. The poem ends with a situational irony, in which we see a discrepancy between what one anticipates and what actually happens. Write <u>one</u> paragraph about what situational irony is revealed in the last two stanzas, explaining three examples of understatement concerning violent historical events mentioned in the poem.

2010학년도 1차

📖 모범답안 p.50

01 Read the following and answer the question. [2.5 points]

As a discipline English was designed to give schoolchildren a sense of a national culture. Literary texts were used to instil this sense. Consequently, although English literature was often presented as a proper study in itself, the way it was taught was often designed, consciously or unconsciously, to encourage a particular ____(1)____. The study of Shakespeare has always been central to English studies and to some constructions of English identity. Traditionally, in English studies, Shakespeare's plays and Shakespeare's language have been presented as the essence of ____(2)____. They have been made to serve as the defining features of a homogeneous and unchanging culture. Because of the connection between Shakespeare and national identity the position of these plays in schools has become an important issue. The argument is put forward that children must read Shakespeare in order to learn English and Englishness. Shakespeare's plays become valued over and above other forms of cultural production. As a result the teaching of Shakespeare, and English history, was also a part of colonialism's ____(3)____.

Which of the following best fits in the blanks above?

	(1)	(2)	(3)
①	colonialism	history	cultural diversity
②	provincialism	culture	national project
③	national identity	Englishness	cultural project
④	provincialism	literature	cultural diversity
⑤	British diversity	tradition	constructive project

02 Read <A> and <B> and answer the question. [2 points]

A

I am a gentleman in a dustcoat trying

To make you hear. Your ears are soft and small

And listen to an old man not at all,

They want the young men's whispering and sighing.

But see the roses on your trellis dying   5

And hear the spectral singing of the moon;

For I must have my lovely lady scion,

I am a gentleman in a dustcoat trying.

I am a lady young in beauty waiting

Until my truelove comes, and then we kiss.   10

But what grey man among the vines is this

'Whose words are dry and faint as in a dream?

Back from my trellis, Sir, before I scream!

I am a lady young in beauty waiting.

B

   Although the young lady believes she is waiting for love, the speaker in the octave, with broader perspective, asserts that she is really waiting for _____. He says that he 'must have my lovely lady soon,' and the images he uses in lines 5-6 reinforce the idea of its presence.

Which of the following best fits in the blank in <B>?

① death   ② spring

③ a dream   ④ God

⑤ resurrection

03 Read the following and answer the question. [2 points]

The motor road hastily joins the railroad and runs beside it for a quarter of a mile, so as to shrink away from a certain desolate area of land. This is a valley of ashes—a fantastic farm where ashes grow like wheat into ridges and hills and grotesque gardens. Occasionally a line of grey cars crawls along an invisible track. gives out a ghastly creak, and comes to rest, and immediately the ash-grey men swarm up with leaden spades and stir up an impenetrable cloud, which screens their obscure operations from your sight.

But above the grey land and the spasms of the bleak dust which drift endlessly over it, you perceive, after a moment, the eyes of Doctor Emerson. They are blue and gigantic—their retinas are one yard high. They look out of no face, but, instead, from a pair of enormous yellow spectacles which pass over a non-existent nose. Evidently some wild wag of an oculist set them there to fatten his practice, and then sank down himself into eternal blindness, or forgot them and moved away. But his eyes, dimmed a little by many paintless days, under sun and rain, brood on over the solemn dumping ground.

The valley of ashes is bounded on one side by a small foul river, and, when the drawbridge is up to let barges through, the passengers on waiting trains can stare at the dismal scene for as long as half an hour. There is always a halt there of at least a minute, and it was because of this that I first met Tom's girlfriend.

"We're getting off," he insisted. "I want you to meet my girl."

I followed him over a low whitewashed railroad fence, and we walked back a hundred yards along the road under Doctor Emerson's persistent stare. The only building in sight was a small block of yellow brick sitting on the edge of the waste land, a sort of compact Main Street ministering to it, and contiguous to absolutely nothing.

Which of the following is NOT a proper understanding of the passage?

① The first paragraph describes a dumping ground.

② 'A fantastic farm' is an example of verbal irony.

③ 'The eyes of Doctor Emerson' refers to an advertisement.

④ 'The only building' is connected with the image of ashes.

⑤ The passage above shows a Gothic atmosphere.

04 Read the following and answer the question. [2 points]

Time is but the stream I go a-fishing in. ⓐ <u>I drink at it</u>; but while I drink I see the sandy bottom and detect how shallow it is. Its thin current slides away, but eternity remains. I would drink deeper; fish in the sky, whose bottom is pebbly with stars. I cannot count one. ⓑ <u>I know not the first letter of the alphabet</u>. I have always been regretting that I was not as wise as the day I was born. The intellect is a cleaver; it discerns and rifts its way into the secret of things. I do not wish to be any more busy with my hands than is necessary. ⓒ <u>My head is hands and feet</u>. I feel all my best faculties concentrated in it. My instinct tells me that my head is an organ for burrowing, as ⓓ <u>some creatures use their snout and fore-paws</u>, and with it I would mine and burrow my way through these hills. I think that the richest vein is somewhere hereabouts; so by the divining rod and thin rising vapors I judge; and here ⓔ <u>I will begin to mine</u>.

Which of the following is NOT a figurative expression?

① ⓐ   ② ⓑ

③ ⓒ   ④ ⓓ

⑤ ⓔ

2010학년도 2차

📖 모범답안 p.53

Read the following excerpt from an essay and follow the directions. [15 points]

My grandmother has bound feet. Cruelly tethered since her birth, they are like bonsai trees, miniature versions of what should have been. She is a relic in China, where foot binding was first banned more than 80 years ago when the country could no longer afford a population that had to be carried. Her slow, delicate hobble betrays her age and the status she held and lost.

My own size 5 feet are huge in comparison. The marks and callouses they bear come from running and jumping, neither of which my grandmother has ever done. The difference between our feet reminds me of the incredible history we hold between us like living bookends..... [*passage deleted*]

I saw my grandmother for the very first time when I was 12. She was almost 80, surprisingly alien and shockingly small. I searched her wrinkled face for something familiar, some physical proof that we belonged to each other. She stared at me the same way. Did she feel cheated, I wondered, by the distance, by the time we had not spent together? I did. With too many lost years to reclaim, we had everything and nothing to say. She politely listened as I struggled with scraps of formal Chinese and smiled as I fell back on "Wo bu dong" ("I don't understand you"). And yet we communicated something strange and beautiful. I found it easy to love this person I had barely met.

The second time I saw her I was 23, arriving in China on an indulgent post-graduate-school adventure, with a Caucasian boyfriend in tow. My grandmother sat on my hotel bed, shrunken and wise, looking as if she belonged in a museum case. She stroked my asymmetrically cropped hair. I touched her feet, and her face contorted with the memory of her childhood pain. "You are lucky," she said. We both understand that she was thinking of far more than the bindings that long ago made her cry. I wanted to share even the smallest part of her life's journey, but I could not conceive of surviving a dynasty and a revolution, just as she could not imagine my life in a country she had never seen. In our mutual isolation of language and experience, we could only gaze in wonder, mystified that we had come to be sitting together.

The narrator of the above passage looks at the vast differences between herself and her grandmother. A big part of the cultural difference that separates her and her grandmother is language together with experience. In addition, the narrator compares herself with her grandmother, specifically in terms of height, age, and physical appearance, through rhetorical devices such as metaphor or simile. Write a paragraph that describes the differences between the narrator and her grandmother, citing all four rhetorical examples. Be sure to include a topic sentence. You must <u>not</u> copy more than <u>ten</u> consecutive words from the passage.

2009학년도 1차

📖 모범답안 p.54

01 Read the poem and its commentary and answer the question. [2.5 points]

My mistress' eyes are nothing like the sun;
Coral is far more red than her lips' red;
If snow be white, why then her breasts are dun;
If hairs be wires, black wires grow on her head.
I have seen roses damasked, red and white,
But no such roses see I in her cheeks;
And in some perfumes is there more delight
Than in the breath that from my mistress reeks.
I love to hear her speak, yet well I know
That music hath a far more pleasing sound;
I grant I never saw a goddess go.—
My mistress, when she walks, treads on the ground.
    And yet, by heaven, I think my love as rare
    As any she belied with false compare.

| Commentary |

  Tone reflects the writer's attitude toward a topic. It is the emotional message behind the writer's words. Tone is chiefly controlled by the words the writer chooses, words that color ideas, evoke desired emotions, and imply judgements. The speaker in this poem draws a contrast between the qualities often praised in exaggerated love poetry and the actuality of his mistress' physical attributes. After constructing a series of 'false comparisons' that this poem implies that other poets have used, the tone clearly shifts with line 13—signaled by the simple phrase 'And yet'.

Which of the following would best describe the change of tone in the poem?

	Lines 1-12		Lines 13-14
①	realistic	→	proud
②	nostalgic	→	realistic
③	sarcastic	→	ironic
④	ironic	→	nostalgic
⑤	proud	→	sarcastic

02 Read the extract from a play and answer the question. [2 points]

Blanche : What's in your mind? I see something in your eyes!

Mitch   : [getting up] It's dark in here.

Blanche : I like it dark. The dark is comforting to me.

Mitch   : I don't think I've ever seen you in the light.
           [Blanche laughs breathlessly.] That's a fact!

Blanche : Is it?

Mitch   : I've never seen you in the afternoon.

Blanche : Whose fault is that?

Mitch   : You never want to go out in the afternoon.

Blanche : Why, Mitch, you're at the plant in the afternoon.

Mitch   : Not Sunday afternoon. I've asked you to go out with me
           sometimes on Sundays but you always make an excuse. You
           never want to go out till after six and then it's always some
           place that's not lighted much.

Blanche : There is some obscure meaning in this but I fail to catch it.

Mitch   : What it means is I've never had a real good look at you,
           Blanche. Let's turn the light on here.

Blanche : [fearfully] Light? Which light? What for?

Mitch   : This one with the paper thing on it. [He tears the paper lantern
           off the light bulb. She utters a frightened gasp.]

Blanche : What did you do that for?

Mitch   : So I can take a look at you good and plain!

Blanche : Of course you don't really mean to be insulting!

Mitch   : No, just realistic.

Blanche : I don't want realism. I want magic! [Mitch laughs.] Yes, yes
           magic! I try to give that to people. I misrepresent things to them.
           I don't tell the truth, I tell what ought to be the truth. And if
           that is sinful, then let me be damned for it!—Don't turn the light
           on! [Mitch crosses to the switch. He turns the light on and stares
           at her. She cries out and covers her face. He turns the light off again.]

Mitch : [slowly and bitterly] I don't mind you being old than what I thought. But all the rest of it—Christ! That pitch about your ideals being so old-fashioned and all the malarkey that you've dished out all summer. Oh, I knew you weren't sixteen any more. But I was a fool enough to believe you were straight.

Which of the following is NOT correct according to the extract?

① Character Relationship	Mitch and Blanche are lovers.
② Setting	Inside a house
③ Conflict	Mitch wants to see her face, while Blanche wants to cover it.
④ Symbols	Mitch prefers light and reality, while Blanche is preoccupied with darkness and illusion.
⑤ Resolution	Mitch was disappointed with her old age more than with her dishonesty.

2009학년도 2차

모범답안 p.56

Read this excerpt from an autobiographical novel and follow the directions.

[15 points]

"Why won't you talk?" I started to cry. What if I couldn't stop, and everyone would want <u>to know what happened</u>? "Now look what you've done," I scolded. "You're going to pay for this. I want to know why. And you're going to tell me why. You don't see I'm trying to help you out, do you? Do you want to be like this, dumb (do you know what dumb means?), your whole life? Don't you ever want to be a cheerleader? Or a pompom girl? What are you going to do for a living? Yeah, you're going to have to work because you can't be a housewife. Somebody has to marry you before you can be a housewife. And you, you are a <u>plant</u>. Do you know that? That's all you are if you don't talk. If you don't talk, you can't have a personality. You'll have no personality and no hair. You've got to let people know you have a personality and a brain. You think somebody is going to take care of you all your stupid life? You think you'll always have your big sister? You think somebody's going to marry you, is that it? Well, you're not the type that gets dates, let alone gets married. Nobody's going to notice you. And you have to talk for interviews, speak right up in front of the boss. Don't you know that? You're so dumb. Why do I waste my time on you?" Sniffling and snorting, I couldn't stop crying and talking at the same time. I <u>kept wiping my nose on my arm</u>, my sweater lost somewhere (probably not worn because my mother said to wear a sweater). It seemed as if I had spent my life in that basement, doing the worst thing I had yet done to another person. "I'm doing this for your own good," I said. "Don't you dare tell anyone I've been bad to you. Talk. Please talk."

Identify <u>three</u> expressions in the excerpt that support the metaphorical use of the word "plant." Then, explain how each expression helps the reader to interpret the metaphor as it is intended by the narrator. Use approximately 150 words (15 lines).

2009학년도 평가원 모의평가 1차

모범답안 p.57

01 Read the poem and answer the question.

> Shall I compare thee to a summer's day?
> Thou art more lovely and more temperate:
> Rough winds do shake the darling buds of May,
> And summer's lease hath all too short a date;
> Sometime too hot the eye of heaven shines,
> And often is his gold complexion dimmed;
> And every fair from fair sometimes declines,
> By chance or nature's changing course untrimmed:
> But thy eternal summer shall not fade,
> Nor lose possession of that fair thou ow'st,
> Nor shall death brag thou wand'rest in his shade,
> When in eternal lines to time thou grow'st.
>   So long as men can breathe, or eyes can see,
>   So long lives this, and this gives life to thee.

Which of the following would best complete the thesis statement in the box?

> Compared to the _____(1)_____ summer's day, the lady's beauty will be unfading because it is recorded in the _____(2)_____ lines of poetry.

	(1)	(2)
①	long	transitory
②	long	eternal
③	life-giving	timeless
④	life-giving	transitory
⑤	short	eternal

02 **Read each story and follow the directions.**

(1) One day a fir tree was boasting to a bramble, "Your life is really without significance and no use to anyone, whereas mine is filled with many high and noble purposes. How could barns and houses be built without me? I furnish taper spars for ships and beams for roofs of palaces." "Good sir," replied the bramble, "when the woodcutters come here with their axes and saws, what would you give to be a bramble and not a fir?"

(2) One morning, a man and his son left their house and started walking toward town. They walked along next to their donkey. A man passed them. He said, "You are fools. A donkey is to ride on. Why are you walking?" So the man and the boy sat on the donkey. Soon they came to the town. Some people pointed at them and said, "See that man and boy. They are very mean." The man and boy got off the donkey. They cut a pole. Then they tied the donkey's feet to it. Then they put the pole on their shoulders and carried the donkey between them. They walked until they got to the Market Bridge. Then the donkey got one foot loose and began to kick. The donkey fell off the edge of the bridge and into the water. He drowned.

(3) A man walked into an antique store. He noticed the owner's cat licking milk out of a delicate china saucer. The man knew at a glance that the saucer was priceless, and he figured the stupid owner didn't realize what a treasure was sitting just beneath his nose. The man casually struck up a conversation with the owner, "Nice cat you got there." "Thanks," said the owner, "he's a good cat." "Hmm, would you be interested in selling him? You can have him for five bucks," asked the man. "Deal," said the owner. The man paid his five dollars, then picked up the cat and headed toward the door. "Oh, by the way," said the man, turning around, "you probably wouldn't mind if I just took that old milk saucer, would you? The cat seems to like it." "Are you kidding?" grinned the man. "That saucer has helped me sell seventy cats in the last month!"

Match each story with the most appropriate moral from the box.

---

a. Persuasion is better than force.

b. The man is beaten at his own game.

c. Better humble than dead.

d. Too many cooks spoil the broth.

e. Whatever happens, life marches on.

---

	(1)	(2)	(3)
①	c	a	b
②	c	d	b
③	d	e	a
④	d	b	e
⑤	e	a	b

2009학년도 평가원 모의평가 2차

📖 모범답안 p.58

Read the following poem and follow the directions. [15 points]

Stopping by Woods on a Snowy Evening

Whose woods these are I think I know.
His house is in the village though;
He will not see me stopping here
To watch his woods fill up with snow.

My little horse must think it queer
To stop without a farmhouse near
Between the woods and frozen lake
The darkest evening of the year.

He gives his harness bells a shake
To ask if there is some mistake.
The only other sound's the sweep
Of easy wind and downy flake.

The woods are lovely, dark and deep,
But I have promises to keep,
And miles to go before I sleep,
<u>And miles to go before I sleep.</u>

Considering the commentary below, write a short critique of the poem, focusing on the ambiguity of the underlined part, "And miles to go before I sleep." Provide supporting details from the poem to claim your argument. [approximately 150 words(15 lines), 15 points]

┌──────────────── Commentary ────────────────┐

In this poem, the world of the woods, the world offering perfect quiet and solitude, exists side by side with the realization that there is also another world, a world of people and social obligations. The poet is put in mind of the "promises" he has to keep, of the miles he still must travel. We are not told, however, that the call of social responsibility proves stronger than the attraction of the woods, which are "lovely" as well as "dark and deep."

MEMO

유희태 영미문학 ❸
영미문학 기출

Part

03

2008~1997학년도
기출문제

2008학년도 서울 · 인천

📖 모범답안 p.59

01 다음은 미국 소설의 일부를 각색한 글이다. 아래에 제시한 글 (1)~(4)를 위 글에서 언급한 순서대로 배열하시오. [4 points]

Among the musical disciples who assembled to receive Ichabod Crane's instructions in psalmody was Katrina Van Tassel, the daughter and only child of a substantial Dutch farmer. She was a blooming lass of fresh eighteen; ripe and melting and rosy-cheeked, and universally famed, not merely for her beauty, but her vast expectations.

Ichabod had a soft and foolish heart toward women. It is not to be wondered at, that so tempting a morsel soon found favor in his eyes. But the problem was that there were a host of fearful adversaries who beset every portal to her heart, keeping a watchful and angry eye upon each other, but ready to fly out in the common cause against any new competitor.

Among these, the most formidable was a burly, roaring, roistering blade, of the name of Brom Van Brunt, the hero of the country round which rang with his feats of strength and hardihood. To have competed with such a man would have been madness; Ichabod was afraid of confrontation with him.

But after his visit to Katrina's paternal mansion, Ichabod's heart hardened all the more. Old Baltus Van Tassel's stronghold was situated in one of those green, sheltered, fertile nooks. As the enraptured Ichabod rolled his great green eyes over the fat meadow lands, his heart yearned after the damsel who was to inherit these domains, and his imagination expanded with the idea, how they might be readily turned into cash and shingle palaces in the wilderness.

When he entered the house, the conquest of his heart was complete. It was one of those spacious farmhouses, built in the noble style handed down from the first Dutch settlers. From the moment his only study was how to gain the affections of the peerless daughter of Van Tassel.

(1) Ichabod was reluctant to compete with Brom, who was great in bodily size and sturdy in his character. He was the most formidable rival.

(2) When Ichabod visited Katrina's house, he was very much impressed with the wealth and spaciousness of the house and decided to win her favor.

(3) There were many other admirers of Katrina who kept a watchful eye upon her.

(4) Ichabod developed a fondness for Katrina who was one of his students. She was Dutch by origin, rich as well as beautiful.

03

02 Read the poem and complete the commentary below by filling in each blank with the most appropriate word from the poem. [4 points]

She dwelt among the untrodden ways
   Beside the springs of Dove,
A Maid whom there were none to praise
   And very few to love:

A violet by a mossy stone
   Half hidden from the eye!
Fair as a star, when only one
   Is shining in the sky.

She lived unknown, and few could know
   When Lucy ceased to be;
But she is in her grave, and oh,
   The difference to me!

What is the importance of the imagery, such as metaphor and simile, in this poem? In an important sense the imagery is the poem. It is not simply a fancy way of illustrating what the poet might have said in abstract terms. The poem enacts through its imagery the very statement that few people knew Lucy, and though Lucy's passing made no difference to the great world, it has made all the difference to her lover, who speaks the poem. Two images are meant to enhance Lucy's charm by associating her with such attractive objects as _____①_____ and _____②_____ .

---

type	imagery
metaphor	① _____
simile	② _____

①: _____

②: _____

2008학년도 전국

모범답안 p.60

01 다음 글은 어느 소설의 일부분이다. 밑줄 친 부분이 암시하는 바를 15자 이내의 <u>우리말로</u> <u>쓰시오.</u> [3 points]

> She stood among the swaying crowd in the station at the North Wall. He held her hand and she knew that he was speaking to her, saying something about the passage over and over again. The station was full of soldiers with brown baggages. Through the wide doors of the sheds she caught a glimpse of the black mass of the boat, lying in beside the quay wall, with illumined portholes. She answered nothing. She felt her cheek pale and cold and, out of a maze of distress, she prayed to God to direct her, to show her what was her duty.
>
> The boat blew a long mournful whistle into the mist. If she went, tomorrow she would be on the sea with Frank, steaming towards Buenos Aires. Their passage had been booked. Could she still draw back after all he had done for her? Her distress awoke a nausea in her body and she kept moving her lips in silent fervent prayer.
>
> A bell clanged upon her heart. She felt him seize her hand:
>
> "Come!"
>
> All the seas of the world tumbled about her heart. He was drawing her into them: he would drown her. She gripped with both hands at the iron railing.
>
> "Come!"
>
> No! No! No! It was impossible. Her hands clutched the iron in frenzy. Amid the seas she sent a cry of anguish.
>
> "Eveline! Evvy!"
>
> He rushed beyond <u>the barrier</u> and called to her to follow.
>
> He was shouted at to go on, but he still called to her. She set her white face to him, passive, like a helpless animal. Her eyes gave him no sign of love or farewell or recognition.

02 다음 시를 읽고 지시에 따라 답하시오. [4 points]

Question

Body my house
my horse my hound
what will I do
when you are fallen

Where will I sleep
How will I ride
What will I hunt

Where can I go
without my mount
all eager and quick
How will I know
in thicket ahead
is danger or treasure
when Body my good
bright dog is dead

How will it be
to lie in the sky
without roof or door
and wind for an eye

With cloud for shift
how will I hide?

다음은 위의 시에 대한 해설이다. 빈칸 ⑴과 ⑵에 가장 적절한 단어 두 개씩을 시에서 찾아 각각 쓰시오.

> The poet evokes the qualities of the body by the three metaphors. _____(1)_____ links to quick mobility and liveliness. My house connotes a sense of security, the place to be at ease. _____(2)_____ senses what's ahead in the hunt—that is, in the process of living.

(1) _____

(2) _____

2007학년도 서울 · 인천

모범답안 p.62

01 Fill in the blank with <u>four</u> correctly ordered words from the word list below so that they can best fit the passage. [3 points]

Language is a carrier of a people's culture. Culture is a carrier of a people's values. Values are a carrier of a people's outlook or consciousness and sense of identity. So by destroying or underdeveloping people's languages, the colonizing nations were deliberately killing or underdeveloping the cultures, values and consciousness of the people. And by imposing their languages, they were also imposing the culture, values and consciousness carried by them. The result was often the creation of a minority who spoke and understood the language of imposition and who, in the process, had internalized _____. Thereafter, this minority would look at the world through the eyeglasses of imperialism. They would become the defenders of imperialist languages, cultures, values and world outlook and, hence, the most avid defenders of the economic and political programs of imperialism—ruthless exploitation and repression of democracy. It is through this minority that imperialism has continued to maintain its economic stranglehold on Africa in a neo-colonial form.

⌐ Word List ⌐

culture   consciousness   imperialism   of   the

---

02 Read the passage taken from the novel, *The Awakening*, and follow the direction. [4 points]

[1] The water of the Gulf stretched out before her, gleaming with the million lights of the sun. The voice of the sea is seductive, never ceasing, whispering, clamoring, murmuring, inviting the soul to wander in abysses of solitude. All along the white beach, up and down, there was no living thing in sight. A bird with a broken wing was beating the air above, reeling, fluttering, circling disabled down, down to the water.

[2] Edna had found her old bathing suit still hanging, faded, upon its accustomed peg.

[3] She put it on, leaving her clothing in the bath-house. But when she was there beside the sea, absolutely alone, she cast the unpleasant, pricking garments from her, and for the first time in her life she stood naked in the open air, at the mercy of the sun, the breeze that beat upon her, and the waves that invited her.

[4] How strange and awful it seemed to stand naked under the sky! how delicious! She felt like some new-born creature, opening its eyes in a familiar world that it had never known.

[5] The foamy wavelets curled up to her white feet, and coiled like serpents about her ankles. She walked out. The water was chill, but she walked on. The water was deep, but she lifted her white body and reached out with a long, sweeping stroke. The touch of the sea is sensuous, enfolding the body in its soft, close embrace.

[6] She went on and on. She remembered the night she swam far out, and recalled the terror that seized her at the fear of being unable to regain the shore. She did not look back now, but went on and on, thinking of the blue-grass meadow that she had traversed when a little child, believing that it had no beginning and no end.

2-1 Write the six-word phrase from Paragraph [1] that refers to an object which implies the fate of Edna.

_____

2-2 The title of this novel indicates that the protagonist feels or realizes something anew. Write the number of the paragraph that best suggests the title.

_____

03 Read the poem and follow the directions. [4 points]

Picture Bride

She was a year younger
than I,
twenty-three when she left Korea.
Did she simply close
the door of her father's house
and walk away? And
was it a long way
through the tailor shops of Pusan
to the wharf where the boat
waited to take her to an island
whose name she had
only recently learned,
on whose shore
a man waited,
turning her photograph
to the light when the lanterns
in the camp outside
Waialua Sugar Mill were lit
and the inside of his room
grew luminous
from the wings of moths
migrating out of the cane stalks?
What things did my grandmother
take with her? And when
she arrived to look
into the face of the stranger
who was her husband,
thirteen years older than she,

> did she politely untie
> the silk bow of her jacket,
> her tent-shaped dress
> filling with the dry wind
> that blew from the surrounding fields
> where the men were burning the cane?

3-1 Write the relationship between the persons referred to by the underlined expressions, <u>She</u> and <u>a man</u>.

_____

3-2 Write the three-word phrase in the poem that describes the natural phenomenon which best implies the hard life to come for the person referred to by the underlined word, <u>She</u>.

_____

2007학년도 전국

📖 모범답안 p.64

01 다음은 영문학 교육의 새로운 방향에 관해 논한 글이다. 글을 읽고, 지시에 따라 답하시오.

[4 points]

Scholars contrast a view of literature considered as text with a view of literature seen as discourse. The first view promotes in the student knowledge *about* literature, a traditional aim of literary studies, whereas the second view promotes knowledge *of* literature. A traditional literary education urged attention to decontextualised 'words on the page,' and viewed literature as an access to universal values and qualities, such as Truth, Beauty, etc. A discourse view, on the other hand, sees a text as constructed, contingent and requiring active interpretations in contexts. Literature as discourse is open to interrogation, confrontation and interventions. It is a response to other utterances and itself calls for a response, just as learning a language is coming to be seen as participating in ongoing conversations of others.

<u>One important practical outcome</u> of ideas of literary discourse, we can say, is the new trend in education away from awed contemplation of hallowed authors' texts towards encouraging more active interventions, transformations and interpretations in contexts by readers themselves. This new perspective opens up new vistas on what learners could usefully be doing in their literature lessons, whether in first or second language situations.

1-1 전통적인 문학 교육에서는 문학 작품을 무엇으로 보았는지 20자 내외의 <u>우리말로</u> 쓰시오.

_____

1-2 밑줄 친 부분이 의미하는 바를 50자 이내의 <u>우리말로</u> 쓰시오.

_____

_____

02 다음은 어떤 소설의 일부이다. 글을 읽고, 지시에 따라 답하시오. [4 points]

A high official conducted the wedding ceremony and he talked too long about philosophers and models of virtue. Then I heard the matchmaker speak about our birthdates and harmony and fertility. I tipped my veiled head forward and I could see her hands unfolding a red silk scarf and holding up a red candle for everyone to see. The candle had two ends for lighting. One length had carved gold characters with Tyan-yu's* name, the other with mine. The matchmaker lighted both ends and announced, "The marriage has begun." Tyan-yu yanked the scarf off my face and smiled at his friends and family, never even looking at me. He reminded me of a young peacock I once saw that acted as if he had just claimed the entire courtyard by fanning his still-short tail.

I saw the matchmaker place the lighted red candle in a gold holder and then hand it to a nervous-looking servant. This servant was supposed to watch the candle during the banquet and all night to _____. In the morning the matchmaker was supposed to show the result, a little piece of black ash, and then declare, "This candle burned continuously at both ends without going out. This is a marriage that can never be broken."

I still can remember. The candle was a marriage bond that was worth more than a Catholic promise not to divorce. It meant I couldn't divorce and I couldn't ever remarry, even if Tyan-yu died. That red candle was supposed to seal me forever with my husband and his family, no excuses afterward.

Tyan-yu : bridegroom's name

2-1 위의 글에서 화자는 자신의 결혼을 어떻게 생각하는지 10자 내외의 <u>우리말</u>로 쓰시오.

2-2 밑줄 친 부분에 들어갈 내용을 15자 이내의 <u>우리말</u>로 쓰시오.

03 다음 시를 읽고, 지시에 따라 답하시오. [4 points]

A Work of Artifice

The bonsai* tree
in the attractive pot
could have grown eighty feet tall
on the side of a mountain
till split by lightning.
But a gardener
carefully pruned it.
It is nine inches high.
Every day as he
whittles back the branches
the gardener croons*,
It is your nature
to be small and cozy,
domestic and weak;
how lucky, little tree,
to have a pot to grow in.

With living creatures
one must begin very early
to dwarf their growth:
the bound feet,
the crippled brain,
the hair in curlers,
the hands you
love to touch.

bonsai : 분재
croon : 읊조리다

3-1 위의 시는 두 가지 상황을 서로 빗대어 표현하고 있다. 두 번째 상황의 밑줄 친 부분에 해당하는 표현을 첫 번째 상황에서 찾아 <u>우리말로</u> 쓰시오.

03

3-2 이 시의 주제를 20자 내외의 <u>우리말로</u> 쓰시오.

2006학년도 서울 · 인천

📖 모범답안 p.66

01 Read the poem and follow the directions.

> What is this life, if, full of care,
> We have no time to stand and stare.
>
> No time to stand beneath the boughs
> And stare as long as sheep or cows.
>
> No time to see, when woods we pass,
> Where squirrels hide their nuts in grass.
>
> No time to see, in broad daylight,
> Streams full of stars, like skies at night.
>
> No time to turn at Beauty's glance,
> And watch her feet, how they can dance.
>
> A poor life this if, full of care,
> We have no time to stand and stare.

Below is part of a commentary on the poem. Complete it by filling in the blank with FIVE or SIX words. [4 points]

> The poet is asking what kind of life this would be if _____. The poet is talking about the little beauties of life which we take for granted but which we would miss very much if we were suddenly to be deprived of our time "to stand and stare."

02 Read the passage and follow the directions.

One of the debates centered around literature teaching in the language classroom is whether literary language is somehow different from other forms of discourse in that it breaks the more usual rules of syntax, collocation and even cohesion. This seems to be particularly true of poetry. Teachers often express concern that in using literature with our students, we are exposing them to "wrong" uses of language. It has been argued, however, that by asking students to explore such sophisticated uses of language, we are also encouraging them to think about the norms of language use. In order to understand the stylistic effect of the wrong uses of language, students will need to be aware of how they differ from more common usage. And in the context of a novel or short story this may even help students to interpret its underlying themes more easily. By focusing on the deviant use of the words, teachers help students not only to become aware of specific stylistic effects in literary works, but also to consider how these effects are achieved by departing from a norm. At the same time, teachers involve students in the process of discovering more generalizable features of language like collocation. In other words, using literature with students can help them to become more _____ to some of the overall features of English.

2-1 위 글의 밑줄 친 "wrong" uses of language가 의미하는 내용을 35자 내외의 <u>우리말로</u> 쓰시오.

[3 points]

_____

_____

_____

_____

_____

2-2 **Fill in the blank with the most suitable word from the box below.** [2 points]

deviant	normal	specific
sensitive	communicative	general

_____

03 Read the passage and follow the directions.

The Englishman has been called a political animal, and he values what is political and practical so much that ideas easily become objects of dislike in his eyes, and thinkers, "miscreants," because ideas and thinkers have rashly meddled with politics and practice. Practice is everything, <u>a free play of the mind</u> is nothing. The notion of the free play of the mind upon all subjects being a pleasure in itself, being an object of desire, being an essential provider of elements without which a nation's spirit, whatever compensations it may have for them, must, in the long run, die of inanition, hardly enters into an Englishman's thoughts. It is noticeable that the word curiosity, which in other languages is used in a good sense; to mean, as a high and fine quality of man's nature, just this disinterested love of a free play of the mind on all subjects, for its own sake,—it is noticeable, I say, that this word has in our language no sense of the kind, no sense but a rather bad and disparaging one.

(Source: A Nineteenth-Century Essay)

Find ONE word in the passage that best represents what the author means by the underlined **a free play of the mind.** [3 points]

2006학년도 전국

📖 모범답안 p.68

01 다음은 18세기 말의 영문학 상황을 보여 주는 글이다. 다음 글을 읽고, 지시에 따라 답하시오. [4 points]

> "No man was ever great by imitation," said Johnson's *Imlac*. Towards the end of the eighteenth century, a growing number of critics agreed that no matter how creative an imitation might be, it is necessarily inferior to an original work. "Copies surpass not their originals," wrote one critic in 1759, "as streams rise not higher than their spring." And in the years which followed the publication of *Rasselas*, the difference between imitation and originality came to be treated as more or less the difference between talent and genius.
>
> Originality acquired its current prestige in the course of new psychological enquiries into the nature of genius. It was not until the eighteenth century that the word 'genius' lost its old meaning of 'an attendant spirit' and became internalized as a mental endowment, thus enabling some unusually intelligent person to be spoken of as a genius.

1-1 논쟁이 되는 2가지 상반되는 개념 중 imitation에 해당하는 단어를 본문에서 <u>모두</u> 찾아 쓰시오.

_____

1-2 위 글의 제목이 되도록 빈칸에 들어갈 가장 적합한 1단어를 본문에서 찾아 쓰시오.

_____ as a mark of genius

_____

02 다음 시를 읽고, 지시에 따라 답하시오. [4 points]

The Hound

Life the hound
Equivocal*
Comes at a bound
Either to rend me
Or to befriend me.
I cannot tell
The hound's intent
Till he has sprung
At my bare hand
With teeth or tongue.
Meanwhile I stand
And wait the event.

equivocal : ambiguous

2-1 이 시는 인생을 사냥개에 빗대어 표현한 시이다. 시의 주제(theme)를 20자 내외의 우리말로 쓰시오.

2-2 'teeth', 'tongue'의 의미와 관련된 단어를 본문에서 찾아 쓰시오.

2005학년도 서울 · 인천

📖 모범답안 p.69

01 Read the passage and follow the directions.

Time and time again, literary texts deal with an idea, or perhaps just an ideal, of _____(1)_____. There is a sense of a well-run state or a settled social order, and, for the individual, a feeling of existing within a secure framework; this might be the comfort provided by religious faith, the certainty associated with marriage and economic security, or perhaps just the happiness associated with being in love. In *Beowulf*, a sense of security is linked with the presence of <u>the great hall</u> as a place of refuge and shared values; it is a place for feasting and celebrations, providing warmth and protection against whatever might be encountered in the darkness outside. Over and over again, however, literary texts focus on threats to such a feeling of security and confidence. There might be an external threat, such as a monster or a foreign enemy, or an enemy within, such as the rebellious noblemen in Shakespeare's history plays who challenge the authority of the king. But the threat might be more insidious; for example, in a number of eighteenth-century works, there is a sense of chaos overtaking society, and the _____(2)_____ of established standards of behavior. Or there might be, as is the case in nineteenth- and twentieth-century texts, a feeling that the world is moving so fast and changing so much that all steady points of reference have been lost.

1-1 Fill in each blank with the most suitable word from the box below. [2 points]

impression	collapse	fear	thrust
complexity	perception	order	abyss

1-2 Write down THREE things from the passage that threaten what <u>the great hall</u> symbolizes. [3 points]

(1) _____

(2) _____

(3) _____

02 Read the passage and complete the table. In each cell, use ONE to THREE words from the passage. [4 points]

If any literary work is too long to be read at one sitting, we must be content to dispense with the immensely important effect derivable from unity of impression—for, if two sittings are required, the affairs of the world interfere, and everything like totality is at once destroyed. All intense excitements are, through a psychological necessity, brief. The brief excitement which is at once the most intense, the most elevating, and the most pure, is, I believe, found in the contemplation of the beautiful. I designate beauty as the province of the poem, merely because it is an obvious rule of art that effects should be made to spring from direct causes —that objects should be attained through means best adapted for their attainment. The tone conveying beauty, all experience shows, is one of sadness. Beauty of whatever kind, in its supreme development, invariably excites the sensitive soul to tears. Melancholy is thus the most legitimate of all the poetical tones. Now, never losing sight of the object supremeness, or perfection, at all points, I asked myself—"Of all melancholy topics, what, according to the universal understanding of mankind, is the most melancholy?" "Death" was the obvious reply. "And when," I said, "is this most melancholy of topics most poetical?" From what I have already explained at some length, the answer, here also, is obvious—"When it most closely allies itself to beauty." Then, the death of a beautiful woman is, unquestionably, the most poetical topic in the world—and equally it is beyond doubt that the lips best suited for such a topic are those of a bereaved lover.

Elements of a Poem	Ideals
length	(1)
province	*beauty*
tone	(2)
topic	(3)
speaker	(4)

(1) _____

(2) _____

(3) _____

(4) _____

(5) _____

03 Read the poem and follow the directions.

It isn't that I've forgotten
Or don't intend to do
With my life what I
Know I should,
That is, transcend the petty concerns
And live
In truth
And in beauty
according to the
Higher aims of my existence.
Yet,
I have trouble
getting started
somehow
And day by day,
hour by hour,
Wait,
For the spell
to be broken,
And go on,
Life as usual,
minute by minute,
pulse beat
by
pulse beat,
paying bills,
doing the laundry,
going to work,

putting band-aids

on little scraped knees,

watching TV,

Swept along

  and along.

03

The following is a reader's commentary on the poem. Complete it by filling in the blank with about 10 words. [3 points]

The poem focuses on a universal dilemma. The speaker sets lofty goals for herself. She wants to be a special person, but fails to attain the goals because _____.

_____

_____

_____

_____

_____

2005학년도 전국

모범답안 p.71

01 다음 시를 읽고, ⑴ 제1연(stanza)부터 제3연까지의 각운의 유형(rhyme pattern)을 쓰고(예 : ababc cdcde efefg), ⑵ 제4연 마지막 3개 행(lines)의 순서를 내용에 맞도록 재배열하시오. [5 points]

Two roads diverged in a yellow wood,
And sorry I could not travel both
And be one traveler, long I stood
And looked down one as far as I could
To where it bent in the undergrowth;

Then took the other, as just as fair,
And having perhaps the better claim,
Because it was grassy and wanted wear;
Though as for that, the passing there
Had worn them really about the same,

And both that morning equally lay
In leaves no step had trodden black.
Oh, I kept the first for another day!
Yet knowing how way leads on to way,
I doubted if I should ever come back.

I shall be telling this with a sigh
Somewhere ages and ages hence:
(A) I took the one less traveled by
(B) And that has made all the difference
(C) Two roads diverged in a wood, and I

1-1 **각운의 유형**

제1연 : _____

제2연 : _____

제3연 : _____

1-2 **순 서:** (   ) → (   ) → (   )

2004학년도 전국

📖 모범답안 p.72

01 다음을 읽고, I의 현재 상황과 소망을 각각 50자 이내의 <u>우리말로</u> 기술하시오. [4 points]

The war was the most peaceful period of my life. The window of my attic faced southeast. My mother had curtained it, but that had small effect. I always woke with the first light and, with all the responsibilities of the previous day melted, feeling my self rather like the sun, ready to illumine and rejoice.

Life never seemed so simple and clear and full of possibilities as then. I put my feet out from under the clothes—I called them Mrs. Left and Mrs. Right—and invented dramatic situations for them in which they discussed the problems of the day. At least Mrs. Right did; she was very demonstrative, but I hadn't the same control of Mrs. Left, so she mostly contented herself with nodding agreement.

They discussed what Mother and I should do during the day, what Santa Claus should give a fellow for Christmas, and what steps should be taken to brighten the home. There was that little matter of the baby, for instance. Mother and I could never agree about that. Ours was the only house in the terrace with out a new baby, and Mother said we couldn't afford one till Father came back from the war because they cost seventeen and six.

That showed how simple she was. The Geneys up the road had a baby, and everyone knew they couldn't afford seventeen and six. It was probably a cheap baby, and Mother wanted something really good, but I felt she was too exclusive. The Geneys' baby would have done us fine.

My Oedipus Complex by Frank O'Connor

1-1 **I의 현재 상황** [2 points]

_____

1-2 **I의 소망** [2 points]

_____

2003학년도 서울

📖 모범답안 p.73

01 Read the following passage and answer the question. [4 points]

> _____ since it first appeared in a book review in April 27, 1895, describing a woman who "has in her the capacity of fighting her way back to independence." It is the basic proposition that, as Nora put it in Ibsen's *A Doll's House* a century ago, "Before everything else I'm a human being." It is the simply worded sign hoisted by a little girl in the 1970 Women's Strike for Equality: "I AM NOT A BARBIE DOLL."
>
> Feminism asks the world to recognize at long last that women aren't decorative ornaments, worthy vessels, members of a "special-interest group." They are half of the national population, and just as deserving of rights and opportunities, just as capable of participating in the world's events, as the other half. Feminism's agenda is basic: It asks that women be free to define themselves.

Fill in the blank with the <u>topic statement</u> of the paragraph, including the words in the box. <u>Change their forms</u> if necessary.

change	meaning	feminism

_____

02 다음 시를 읽고 <u>우리말로</u> 답하시오. [5 points]

My Father's Hands

My father's hands
are beautiful, they can
fix this moth's wing and make
machines
they can mend the fuse when the world   5
goes dark
can make light swim and walls jump
in around me again.
I can see my mother's face again.

You must take good care of them with   10
your finest creams
never let the nails break or
skin go dry, only those wise fingers
know how to fix the thing
that makes my doll cry and they make   15
small animals out of clay.

Never let blades or anything sharp
and hurtful near them
don't let bees or nettles
sting them don't let fire or burning oil   20
try them.

My father's hands are beautiful, take
good care of them.

시에서 아버지의 손이 어떤 일을 했는지 <u>5가지</u>를 <u>우리말</u>로 쓰고, 3∼9행의 <u>비유적 표현</u>에 나타난 아버지의 품성을 <u>우리말</u>로 구체적으로 설명하시오.

2-1 아버지의 손이 한 일 5가지

• _____
• _____
• _____
• _____
• _____

2-2 아버지의 품성

_____

2003학년도 전국

모범답안 p.75

01 다음 시에서 은유적으로 묘사된 수업 분위기의 변화를 <u>우리말로</u> 쓰시오. [4 points]

On Reading Poems to a Senior Class at South High

Before
I opened my mouth
I noticed them sitting there
as orderly as frozen fish
in a package.

Slowly water began to fill the room
though I did not notice it
till it reached
my ears

and then I heard the sounds
of fish in an aquarium
and I knew that though I had
tried to drown them
with my words
that they had only opened up
like gills for them
and let me in.

Together we swam around the room
like thirty tails whacking words
till the bell rang
puncturing
a hole in the door

where we all leaked out
They went to an other class
I suppose and I home

where Queen Elizabeth
my cat met me
and licked my fins
till they were hands again.

02 다음 수필을 읽고, 아래의 문장을 완성하시오. [2 points]

03

Dream delivers us to dream, and there is no end to illusion. Life is a train of moods like a string of beads, and as we pass through them they prove to be many-colored lenses which paint the world their own hue, and each shows only what lies in its focus. From the mountain you see the mountain. We animate what we can, and we see only what we animate. Nature and books belong to the eyes that see them. It depends on the mood of the man whether he shall see the sunset or the fine poem. There are always sunsets, and there is always genius; but only a few hours so serene that we can relish nature or criticism.

Experience
by Ralph Waldo Emerson

According to the passage, the world we see is determined by
_____.

_____

2002학년도 서울

모범답안 p.77

01 The following passage is part of James Joyce's *The Dead*, which is a good example of description. Read the passage. [4 points]

1 A fat brown goose lay at one end of the table and at the other end, on a bed of creased* paper strewn with sprigs* of parsley, lay a great ham, stripped of its outer skin and peppered over with crust crumbs, a neat paper frill* round its shin* and beside this was a round of spiced beef. 2 Between these rival ends ran parallel lines of side-dishes: two little minsters of jelly, red and yellow, a shallow dish full of blocks blancmange and red jam, a large green leaf-shaped dish with a stalk-shaped handle, on which lay bunches of purple raisins and peeled almonds, a companion dish on which lay a solid rectangle of Smyrna figs, a dish of custard topped with grated nutmeg, a small bowl of chocolates and sweets wrapped in gold and silver papers and a glass vase in which stood some tall celery stalks. 3 In the center of the table there stood, as sentries to a fruit-stand which upheld a pyramid of or oranges and American apples, two squat old-fashioned decanters* of cut glass, on containing port* and the other dark sherry*.

> * *creased* : 접은, 주름진 * *shin* : 정강이
> * *port* : (일종의) 포도주 * *spring* : 잔가지
> * *decanter* : 유리병 * *sherry* : (일종의) 포도주
> * *frill* : 주름진 종이

Suppose that you, as an English teacher, are telling your student how this passage is constructed and how the writer describes things. Two parts are missing. Fill in each blank with around <u>10</u> words.

> The writer uses a frame of reference to organize the details of this description. Sentence ① presents an image of _____(1)_____. The rest of the description is organized from these points in space. Sentence ② shows the progression of objects from the ends of the table to the center. Sentence ③ focuses on _____(2)_____. We, as readers, can visualize the scene very vividly and grasp the relationships among the objects on the table. Not only is there a spatial movement from the ends to the center, but there is also a movement from meat to drink.

(1) _____

(2) _____

2002학년도 전국

📖 모범답안 p.78

01 다음 글을 읽고, 물음에 답하시오. [5 points]

[A]

It was a town of machinery and tall chimneys, out of which interminable serpents of smoke trailed themselves for ever and ever, and never got uncoiled. It had a black canal in it, and a river that ran purple with ill-smelling dye, and vast piles of buildings full of windows where there was a rattling and a trembling all day long, and where the piston of the steam engine worked monotonously up and down, like the head of an elephant in a state of melancholy madness.

It contained several large streets all very much like one another, and many small streets still more like one another, inhabited by people equally like one another, who all went in and out at the same hours, with the same sound upon the same pavements, to do the same work, and to whom every day was the same as yesterday and tomorrow, and every year the counterpart of the last and the next.

[B]

Under the natural order of things, the unfolding of an intelligent, self-helping character, must keep pace with the amelioration of physical circumstances—the advance of the one with the exertions put forth to achieve the other; so that in establishing arrangements conducive to robustness of body, robustness of mind must be insensibly acquired...

Should proof of this be asked for, it may be found in the contrast between English energy and Continental helplessness. English engineers established the first gasworks in Paris, after the failure of a French company; An English engineer introduced steam navigation on the Rhône; The first steamboats at the Loire were built by Englishmen. The great suspension

---

bridge at Pesth has been built by an Englishman. Many continental railways have had Englishmen as consulting engineers. Now why is this? Why did our railway system develop so much faster? Why are our towns better drained, better paved, and better supplied with water?

1-1 글 [A]와 [B]는 동일한 시대적 변화를 소재로 다루고 있다. 이 시대적 변화가 무엇인지 <u>영어로</u> 쓰시오. [2 points]

_____

1-2 글 [A]와 [B]에서 다루고 있는 시대적 변화에 대한 작가의 태도를 <u>우리말로</u> 쓰시오. [3 points]

[A] _____

[B] _____

2001학년도

모범답안 p.79

01 다음 글을 읽고 물음에 답하시오. [7 points]

The birds began to sing. There were four and twenty of them singing, and they were blackbirds. And I said, "What are you singing all day and night, in the sun and the dark and the rain, and in the wind that turns the tops of the trees silver?"

"We are singing", they said, "We are singing and we have just begun, and we've a long way to sing, and we can't stop, we've got to go to on and on Singing."

The birds began to sing. I put on my coat and I walked in the rain over the hills. I walked through swamps full of red water full of red water, and down gullies* covered in snobberies, and then up gullies again, with snow grass growing there, and speargrass, and over creeks near flax and tussock and manuk*.

I saw a pine tree on top of a hill. I saw a skylark dipping and rising. I saw it was snowing somewhere over the hills, but not where I was. I stood on a hill and looked and looked.

I wasn't singing. I tried to sing but I couldn't think of the song.

So I went back home to the boarding house where I live, and I sat on the stairs in the front and I listened. I listened with my head and my eyes and my brain and my hands. With my body.

The birds began to sing. They were blackbirds sitting on the telegraph wires and hopping on the apple trees. There were four and twenty of them singing.

"What is the song?" I said. "Tell me the same of the song."

I am a human being and I read books and I hear music and I like to <u>see things in print</u>. I like to see *vivace andante** words by music by performed by written for. So I said, "What is the name of the song? Tell me and I will write it , and you can listen at my window when I get the finest musicians in the county to play it, and you will feel so nice to hearer your song. So tell me the name."

They stopped singing. It was dark outside although the sun was shining. It was dark and there was no more singing.

gullies : small, narrow valleys between two hills
tussock and manuka : name of plants
vivace andante : words used in music

1-1 위의 글에서 화자는 'blackbirds'에게 같은 내용의 질문을 여러 번 한다. 그 질문에 대해 'blackbirds'는 두 번 반응하는데, 각각 어떤 반응을 보였는지 우리말로 기술하시오. [2 points]

_____

_____

1-2 'blackbirds'의 두 번째 반응이 암시하는 의미를 이 글의 중심적인 주제와 관련하여 우리말로 구체적으로 설명하시오. [3 points]

_____

_____

_____

1-3 밑줄 친 see things in print에 묘사된 행동과 대조를 이루는 화자의 행동 가운데 가장 대조적인 행동 3가지를 본문에서 찾아서 우리말로 쓰시오. [2 points]

_____

_____

_____

02 다음 시를 읽고 물음에 답하시오. [6 points]

Since we though war awhile must part
Sweetheart, and learn to lose
Daily use
Of all that satisfied our heart:
Lay up those secrets and those powers
Wherewith you pleased and cherished me these two years.

Now we must draw, as plants would,
On tubers* stored in a better season,

Our honey and heaven;
Only our love can store such food.
Is this to make a god of absence?
A new-born monster to steal our sustenance?

We cannot quite cast out lack and pain.
Let him remain—what he may devour
We can well spare:
He never can tap this, the true vein,
I have no words to tell you what you were,
But when you are sad, think, Heaven could give no more.

* tubers : short thick round parts of a stem or root which store food and from which new plants
will grow

2-1 다음은 위의 시를 풀어쓴 글이다. 위 시 내용과 어법에 알맞도록 각 빈칸에 가장 적절한 단어 또는 구를 <보기>에서 중복되지 않도록 선택해서 쓰시오. [2 points]

> War is about to separate us. This means that we have to learn to ___ⓐ___ without each other for a time; ___ⓑ___ for the future all the good things ("secret and powers") we have shared for the past two years. Now, we shall have to ___ⓒ___ the store of happy memories of our love. There is no way we can ___ⓓ___ the pain of absence. So I think of absence like an enormous and ugly creature which tries to steal form our store. But there is no need to worry, since we have so much love that absence (or the creature) can never ___ⓔ___ the essential thing, which is our true love. If ever you feel sad, remember that what we have had together was ___ⓕ___.

⎸ 보기 ⎹

save	perfect	rely on
take away	avoid	live

ⓐ _____   ⓑ _____

ⓒ _____   ⓓ _____

ⓔ _____   ⓕ _____

2-2 밑줄 친 Only our love can store such food가 의미하는 바를 그 앞부분의 내용과 관련지어서 우리말로 구체적으로 풀어서 설명하시오. (단순 번역은 피하시오.) [4 points]

_____

_____

_____

_____

_____

2000학년도

📖 모범답안 p.81

01 다음은 영국사 및 영국 문학사의 중요한 사건과 관련된 연대표이다. (1)~(4)의 기간에 해당되는 사항들을 <보기>에서 골라 그 번호를 쓰시오. (답이 둘 이상인 경우에도 하나만 쓸 것) [4 points]

```
            --1616---1660---1798---1832---1901---1922
        (1)              (2)    (3)                  (4)
```

|보기|

① T. S. Eliot's *The Waste Land*

② English Renaissance in Elizabethan Era

③ John Dryden and Alexander Pope

④ University Wits

⑤ William Wordsworth and S. T. Coleridge's *Lyrical Ballards*

⑥ Samuel Richardson's *Pamela or Virtue Rewarded*

⑦ James Joyce's Stream of Consciousness Technique in Ulysses

⑧ Matthew Arnold's War against Philistine Literature

⑨ John Donne's Metaphysical Poetry

⑩ Poetic Spontaneity and Freedom

(1) _____

(2) _____

(3) _____

(4) _____

02 다음은 W. B. Yeats의 시 *Sailing to Byzantium*의 일부이다. 시인이 Byzantium으로 온 이유를 주제와 관련하여 답안지 두 줄 정도로 쓰시오. [2 points]

> That is no country for old men. The young
> In one another's arms, birds in the trees
> —Those dying generations—at their song,
> The salmon-falls, the mackerel-crowded seas,
> Fish, flesh, or fowl, commend all summer long
> Whatever is begotten, born, and dies.
> Caught in that sensual music all neglect
> Moments of unaging intellect.
>
> An aged man is but a paltry thing,
> A tattered coat upon a stick, unless
> Soul clap its hands and sing, and louder sing
> For every tatter in its mortal dress,
> Nor is there singing school but studying
> Monuments of its own magnificence;
> And therefore I have sailed the seas and come
> To the holy city of Byzantium.

03 다음은 Ernest Hemingway의 단편 소설 *The killers*의 일부이다. 다음 글을 읽고 물음에 답하시오. [5 points]

Nick opened the door and went into the room. Ole Anderson was lying on the bed with all his clothes on. He had been a heavyweight prize-fight and he was too long for the bed. He lay with his head on two pillows. He did not look at Nick.

"What was it?" he asked.

"I was up at Henry's" Nick said, "and two fellows came in and tied up me and the cook, and they said they were going to kill you."

It sounded silly when he said it. Ole Anderson said nothing.

"They put us out in the kitchen," Nick went on.

"They were going to shoot you when you came in to supper."

Ole Anderson looked at the wall and did not say anything.

"George thought I better come and tell you about it."

"There isn't anything I can do about it." Ole Anderson said.

"I'll tell you what they were like."

"I don't want to know what they were like," Ole Anderson said. He looked at the wall. "Thanks for coming to tell me about it."

"That's all right."

Nick looked at the big man lying on the bed.

"Don't you want me to go and see the police?"

"No," Ole Anderson said. "That wouldn't do any good."

"Isn't there something I could do?"

"Maybe it was just a bluff."

"No. It ain't just a bluff."

Ole Anderson rolled over toward the wall.

"The only thing is," he said, talking toward the wall.

"I just can't make up my mind to go out. I been in here all day."

"Couldn't you get out of town?"

"No." Ole Anderson said. "I'm through with all that running around."

He looked at the wall.

"There ain't anything to do now."

"Couldn't you fix it up some way?"

"No. I got in wrong." He talked in the same flat voice. "There ain't anything to do. After a while I'll make up my mind to go out."

"I better go back and see George," Nick said.

"So long," said Ole Anderson. He did not look toward Nick. "Thanks for coming around."

Nick went out. As he shut the door he saw Ole Anderson with all his clothes on, lying on the bed looking at the wall.

03

3-1 위 글에서 등장인물이 처한 상황과 감정을 드러내기 위하여 Hemingway가 사용한 style을 본문의 예를 들어 설명하시오. [3 points]

_____

_____

_____

_____

_____

3-2 위와 같은 소설 종류의 명칭을 우리말 또는 영어로 쓰시오. [2 points]

_____

1999학년도 추가

모범답안 p.83

01 (　　　) is a literary device in which a character experiences an unexpected flash of understanding about the true nature of a person or situation, deeply altering his or her perception of that individual or event. James Joyce, in particular, refined the use of this literary device and it is closely associated with him.

---

02 다음 물음에 우리말이나 영어로 답하시오.

> He thought of the difficulties he had had arranging this rendezvous—going out to a call box; phoning Sarah at her office (she was married, too); her being out; his calling her again; the busy signal; the coin falling out of sight, his opening the door of the phone box in order to retrieve it; at last getting her on the line; her asking him to call again next week, finally setting a date.
>
> Waiting for her at the cafe, he surprised himself hoping that she wouldn't come. The appointment was at three. It was now ten past. Well, she was often late. He looked at the clock, and at the picture window for her car. A car like hers, and yet not hers—no luggage rack on it. The smooth hardtop gave him a peculiar pleasure. Why? It was 3:15 now. Perhaps she wouldn't come. No, if she was going to come at all, this was the most likely time for her to arrive. Twenty past. Ah, now there was some hope.

Hope? How strange he should be hoping for her absence. Why had he made the appointment if he was hoping she would miss it? He didn't know why, but simpler, simpler if she didn't come. Because all he wanted now was to smoke cigarette, drink that cup of coffee for the sake of them, and not to give himself something to do. And he wished he could go for a drive, free and easy, as he had said he would. But he waited, and at 3:30 she arrived. "I had almost given up hope", he said.

03

2-1   **Identify the literary device the author uses in this story.** [1 point]

_____

2-2   **Indicate two examples of literary device identified in Question 2-1.** [2 points]

_____

_____

_____

_____

_____

03 다음 물음에 <u>우리말이나 영어로</u> 답하시오.

Ozymandias

Percy Bysshe Shelley

I met a traveller from an antique land,
Who said—"Two vast and trunkless legs of stone
Stand in the desert... Near them, on the sand,
Half sunk a shattered visage lies, whose frown,
And wrinkled lip, and sneer of cold command,
Tell that its sculptor well those passions read
Which yet survive, stamped on these lifeless things,
The hand that mocked them, and the heart that fed;
And on the pedestal, these words appear:
My name is Ozymandias, King of Kings;
Look on my Works, ye Mighty, and despair!
Nothing beside remains. Round the decay
Of that colossal Wreck, boundless and bare
The lone and level sands stretch far away."

3-1 **What type of poem is this?** [1 point]

3-2 **What statement is the author of this poem making about the artist and his work?** [2 points]

---

04 다음은 19세기 영미 소설에 관한 글이다. 빈칸에 해당하는 작가를 영어로 쓰시오.

[1 point]

03

> At the begining of the nineteenth century, in America, James Fenimore Cooper(1789−1851) wrote a series of novels celebrating the frontiersman. (ⓐ)(1809−1849) wrote Got hic tales of horror and (ⓑ) (1804−1864) wrote about Puritan New England in novels like *The Scarlet Letter*(1850). In England, (ⓒ)(1775−1817) wrote delicately ironic novels satirizing the polite society of her day, as shown in *Pride and Prejudice*. W. M. Thackery(1811−1863) wrote a less incisive novels with a good narrative drive on the same theme (*Vanity Fair* being best known) and Anthony Trollope(1815−1882) wrote popular fiction about the political and social scene of his day. The most widely-read novels of the day in England, however, were the historical novels of the Scot, Sir Walter Scott(1771−1832).
>
> Other great novelists in the nineteenth century are the great and prolific Charles Dickens(1812−1870), still deservedly popular today, and George Eliot(1819−1880) whose novels like *Middlemarch* are noted for their deep character analysis. Late in the century, (ⓓ)(1840−1928) wrote a popular love novels rooted in agricultural England.

1999학년도

📖 모범답안 p.85

01 다음 시를 읽고, 물음에 영어로 답하시오. [5 points]

> Loveliest of trees, the cherry now
> Is hung with bloom along the bough,
> And stands about the woodland ride
> Wearing white for Eastertide.
>
> Now, of my threescore years and ten,
> Twenty will not come again,
> And take from seventy springs a score,
> It only leaves me fifty more.
>
> And since to look at things in bloom
> Fifty springs are little room,
> About the woodlands I sill go
> To see the cherry hung with snow.
>
> *A. E. Housman (1859-1936)*

1-1 이 시의 주제(theme)를 10단어 이내로 쓰시오. [2 points]

_____

1-2 3연의 "Fifty springs are little room."의 뜻을 쉬운 영어 표현으로 바꿔 쓰시오. [2 points]

_____

1-3 이 시에서 snow(3연)가 가리키는 바를 쓰시오. [1 point]

_____

02 다음 글을 읽고, 물음에 영어로 답하시오. [5 points]

Smog, which was once the big attraction of Los Angeles, can now be found all over the country from Butte, Montana, to New York City, and people are getting so used to polluted air that it's very difficult for them to breathe anything else.

I was lecturing recently, and one of my stops was Flagstaff, Arizona, which is about 7,000 miles above sea level.

As soon as I got out of the plane, I smelled something peculiar.

"What's that smell?" I asked the man who met me at the plane.

"I don't smell anything," he replied.

"There's a definite odor that I'm not familiar with," I said.

"Oh, you must be taking about the fresh air. A lot of people come out here who have never smelled fresh air before."

"What's it supposed to do?" I asked suspiciously.

"Nothing. You just breathe it like any other kind of air. It's supposed to be good for your lungs."

"I've heard that story before," I said. "How come if it's air, my eyes aren't watering?"

"Your eyes don't water with fresh air. That's the advantage of it. Saves you a lot in paper tissues."

I looked around and everything appeared crystal clear. It was a strange sensation and made me feel very uncomfortable.

My host, sensing this, tried to be reassuring. "Please don't worry about it. Teats have proved that you can breathe fresh air day and night without its doing any harm to the body."

"You're just saying that because you don't want me to leave." I said. "Nobody who has lived in a major city can stand fresh air for a very long time. He has no tolerance for it."

"Well, if the fresh air bothers you, why don't you put a handkerchief over your nose and breathe through your mouth?"

"Okay, I'll try it. If I'd known I was coming to a place that had nothing but fresh air, I would have brought a surgical mask."

We drove in silence. About 15 minutes later he asked, "How do you feel now?"

"Okay, I guess, but I sure miss sneezing."

"We don't sneeze too much here," the man admitted. Do they sneeze a lot where you come from?"

"All the time. There are some days when that's all you do."

"Do you enjoy it?"

"Not necessarily, but if you don't sneeze, you'll die. Lot me ask you something. How come there's no air pollution around here?"

"Flagstaff can't seem to attract industry. I guess we're really behind the times."

The fresh air was making me feel dizzy. "Isn't there a diesel bus around here that I could breathe into for a couple of hours?"

"Not at this time of day. I might be able to find a truck for you."

We found a truck driver, and slipped him a five-dollar bill, and he let me put my head near his exhaust pipe for a half hour. I was immediately revived and able to give my speech.

Nobody was as happy to leave Flagstaff as I was. My next stop was Los Angeles, and when I got off the plane, I took one big deep breath of the smog-filled air, my eyes started to water, I began to sneeze, and I felt like a new man again.

2-1 The author of this article uses satire to make his point. What is it that he is making fun of? Write your answer using under 10 words. [2 points]

_____

_____

_____

_____

_____

2-2 The author uses several ironic statements in this article. Explain what is ironic about the following statement using under 30 words. [3 points]

> "… Tests have proved that you can breathe fresh air day and night without its doing any harm to the body."

03 다음 James Thurber의 *The Unicorn in the Garden*을 읽고, 물음에 답하시오.

[6 points]

Once upon a sunny morning a man who sat in a breakfast nook* looked up from his scrambled eggs to see a white unicorn with a gold horn quietly cropping the roses in the garden. The man went up to the bedroom where his wife was still asleep and woke her. "There's a unicorn in the garden," he said. "Eating roses." She opened one unfriendly eye and looked at him. "The unicorn is a mythical beast," she said, and turned her back on him. The man walked slowly downstairs and out into the garden. The unicorn was still there; he was now browsing among the tulips. "Here, unicorn," said the man, and he pulled up a lily and gave it to him. The unicorn ate it gravely. With a high heart, because there was a unicorn in his garden, the man went upstairs and roused his wife again. "The unicorn," he said, "ate a lily." His wife sat up in bed and looked at him, coldly. "You are a booby*," she said, "and I am going to have you put in the booby hatch*." The man, who had never liked the words "booby" and "booby-hatch," and who liked them even less on a shining morning when there was a unicorn in the garden, thought for a moment. "We'll see about that," he said. He walked over to the door. "He has a golden horn in the middle of his forehead," he told her. Then he went back to the garden to watch the unicorn; but the unicorn had gone away. The man sat down among the roses and went to sleep.

As soon as the husband had gone out of the house, the wife got up and dressed as fast as she could. She was very excited and there was a gloat* in her house and the bring a straight-jacket. When the police and the psychiatrist arrived they sat down in chairs and looked at her, with great interest. "My husband," she said, "saw a unicorn this morning." The police looked at the police. "He told me it ate a golden horn in the middle of its forehead," she said. At a solemn signal from the psychiatrist, the police leaped from their chairs and seized the wife. They had a hard time subduing her, for she put up a terrific struggle, but they finally subdued her. Just as they got her into the straight-jacket, the husband came back into the house.

"Did you tell your wife you saw a unicorn?" asked the police. "Of course not," said the husband. "The unicorn is a mythical beast." "That's all I wanted to know," said the psychiatrist. "Take her away. I'm sorry, sir, but your wife is as crazy as a jay bird." So they took her away, cursing and screaming, and shut her up in an institution. The husband lived happily ever after.

MORAL: Don't count your boobies until they are hatched.

* a breakfast nook : a corner of the kitchen with a small table and chairs

* a booby (slang) : a foolish or a mentally retarded person

* a booby-hatch : an insane asylum

* gloat : selfish or malicious pleasure

3-1 The unicorn is a mythical animal which does not exist in the real world. In the first sentence of the story, the writer says "… a man … looked up … to see a white unicorn … in the garden." Is Thurber trying to say that the man is insane, or is this simply a technique of juxtaposing elements of fairy tales and everyday life? Support your choice with some explanation in Korean using under 200 letters. [2 points]

_____

_____

_____

_____

_____

3-2　The man's wife does not love the man, nor does the man his wife. Find four sentences from the text that indicate this unhappy relationship between the couple and write them. [2 points]

_____

_____

_____

_____

_____

3-3　Why did the wife call the police and a psychiatrist? Write your answer in one **Korean** sentence. [2 points]

_____

1998학년도

📖 모범답안 p.88

01 미국의 초월주의(transcendentalism)와 자연주의(naturalism)의 인간관을 설명하고 그 대표적인 작가를 각각 두 사람씩 쓰시오. [4 points]

1-1 초월주의의 인간관 및 대표적 작가 [2 points]

_____

_____

_____

1-2 자연주의의 인간관 및 대표적 작가 [2 points]

_____

_____

_____

02 Read the following poem and answer the questions below. [3 points]

> I wandered lonely as a cloud
> That floates on high o'er vales and hills,
> When all at once I saw a crowd,
> A host, of golden daffodils;
> Beside the lake, beneath the trees,
> Fluttering and dancing in the breeze.

Continuous as the stars that shine
And twinkle on the milky way,
They stretched in never-ending line
Along the margin of a bay:
Ten thousand saw I at a glance,
Tossing their heads in sprightly dance.

The waves beside them danced; but they
Out-did the sparkling waves in glee:
A poet could not but be gay,
In such a jocund company:
I gazed—and gazed—but little thought
What wealth the show to me had brought:

For oft, when on my couch I lie
In vacant or in pensive mood,
They flash upon that inward eye
Which is the bliss of solitude;
And then my heart with pleasure fills,
And dances with the daffodils.

2-1 The rhyme scheme used in this poem is _____. [1 point]

2-2 Write a summary of about 200 Korean letters of what takes place in the above poem. [2 points]

1997학년도

📖 모범답안 p.90

01 17세기 영국의 이른바 형이상학파 시(metaphysical poetry)의 특징적 표현 양식이나 기법에 대하여 쓰되, 형이상학파 기상(metaphysical conceit)에 대해서는 구체적인 예를 하나 들어 그 개념을 따로 설명하시오. [5 points]

02 James Joyce를 비롯한 일군의 20세기 소설가들에 의해 확립된 소설의 서술 양식으로 '의식의 흐름(stream of consciousness)'이라는 것이 있다. 그것의 개념을 간단히 쓰고, 의식을 정확히 재현하려고 할 때, 그것이 봉착하게 되는 한계에 대해서 의식의 내용을 이루는 비언어적 요소에 초점을 맞추어 논하시오. [4 points]

유희태 영미문학 ❸
영미문학 기출

초판 인쇄 2023년 1월 5일
초판 발행 2023년 1월 10일

저자와의
협의하에
인지생략

편저자 유희태 **발행인** 박 용
발행처 (주)박문각출판
표지디자인 박문각 디자인팀
등록 2015. 4. 29. 제2015-000104호
주소 06654 서울시 서초구 효령로 283 서경 B/D
팩스 (02)584-2927
전화 교재 주문 (02)6466-7202 동영상 문의 (02)6466-7201

정 가 20,000원
ISBN 979-11-6704-887-5

유희태 영미문학 ③

영미문학 기출

임용영어수험생 대다수가 선택하는 전공영어의 보통명사

LSI 영어연구소 유희태 박사 편저

모범답안

박문각 임용

동영상강의 www.pmg.co.kr

박문각

유희태 영미문학 ❸

영미문학 기출

유희태 영미문학 ③

영미문학 기출

임용영어수험생 대다수가 선택하는 전공영어의 보통명사

LSI 영어연구소 유희태 박사 편저

박문각 임용

동영상강의 www.pmg.co.kr

QMG 박문각

2023학년도

본책 p.20

01

하위내용영역	배점	예상정답률
영문학 A형 기입형 – 소설	2점	55%

모범답안· law

한글 번역

　터너가 "여긴 진짜 '아웃백'이야"라고 말했다. "그들은 가끔 흑인 소년을 여기로 데려와서 저기다 족쇄를 채웠다고 그래. 팔을 양쪽으로 벌리고. 그리고 나서는 말 채찍으로 휘갈겨버렸지."

　엘우드는 두 주먹을 꾹 쥔 뒤에 자기 몸을 움켜쥐었다. "백인 소년은 없었나요?"

　"백악관, 거기선 (흑백) 통합을 했지만. 여긴 분리였어. 깡촌으로 데려갔지 병원으로 데려간 게 아니야. 그들은 너를 흑인 도망자로 규정했고 그게 다야, 얘야."

　"그들의 가족은요?"

　"여기에 가족이 있는 소년이 몇 명이나 되니? 아니면 애들을 실제 염려하는 가족이 있는 애가 있니? 모든 사람이 너는 아니야, 엘우드." 터너는 엘우드의 할머니가 찾아와 간식을 가져다주자 질투를 했고, 이 사실이 간간이 흘러나왔다. 지금처럼. 걸어다니며 엘우드가 쓴 눈가리개. 법은 한 가지였다. 백인들을 충분히 설득한다면 행진하고, 표지판을 흔들며, 법을 바꿀 수 있다. 탬파에서 터너는 멋진 셔츠와 넥타이를 맨 대학생들이 울워스에 앉아 있는 것을 보았다. 그는 일을 해야 했지만, 그들은 밖에서 항의하고 있었다. 그리고 그 일이 일어났다. 그들은 카운터를 열었다. 터너는 어느 쪽이든 그곳에서 먹을 돈이 없었다. 당신은 법을 바꿀 수 있지만 사람들과 그들이 서로를 대하는 방식을 바꿀 수는 없다. 니클은 지옥처럼 인종차별적이었고 –아마도 이곳에서 일하는 사람들의 절반은 주말에 클랜처럼 변장했을 것이다. 그러나 터너가 보기에 사악함이 피부색보다 더 심했다. 스펜서였어요. 스펜서와 그리프, 그리고 그들의 아이들이 여기에 오게 한 그 모든 부모들이었다. 사람들이었다.

[출전] <The Nickel Boys> by Colson Whitehead(1969 –)

02

하위내용영역	배점	예상정답률
영문학 A형 서술형 – 시	4점	50%

모범답안 • The one word is "emptiness". Second, it means that the financial burden of the monthly mortgage payments cause hardship to the narrator and her mother like a whipcrack (or like whipping).

한글 번역

어머니와 나는 따져봤어:
벌목업자에게 검은 호두나무를 팔아서
담보대출금을 갚을지.
무슨 태풍이 와서
검은 가지를 꺾어 눕혀
집을 무너뜨릴지도
우린 천천히 이야기를 했지
어려운 시절 지혜로워지려 하는 두 여자.
지하실 배수구에 뿌리가 닿았어요
내가 말했고 어머니는 답하길
해가 갈수록 잎들이 무거워지고
열매도 따기가 힘이 들어.
하지만 뭔가 금전보다 반짝이는 것이
우리 핏속에 돌아
뭔가 모종삽처럼 날렵해서
우리가 땅을 파고 뭘 심고 싶게하는 그런 모서리가
그래서 우린 대화를 했지만
아무것도 하진 않았어
그날 밤 나는
싱그럽고 너그러운 오하이오의 푸른 초장을
나뭇잎과, 덩쿨과, 과수원으로 채우고 있는
보헤미아의 선조들을 꿈꾸었어.
어머니와 내가 둘 다 아는 것은
우리가 아버지들의 뒷마당에
스스로 만든 공허함 속에서
부끄러움으로 기어다닐 거라는 것
그래서 검은 호두나무는
또 한 해 동안의 해와, 널뛰는 바람에 흔들리며 있고
또 한해의 나뭇잎과 퉁퉁 튀는 열매들과
매달 돌아오는
찰싹 아픈 대출금도 있지.

[출전] "The Black Walnut Tree" by Mary Oliver(1935－2019)

03	하위내용영역	배점	예상정답률
	영문학 B형 서술형 – 드라마	4점	50%

모범답안 ▶ The one word is "union". Second, the underlined part means making the union his enemy by going into work in Olstead's as a temporary worker to replace the locked-out workers. (or "going into work while the union members are locked out by their employer, against the wishes of the union.

or "going into work in Olstead's as a temporary worker to replace the locked-out workers against the union members' wishes.")

한글 번역

오스카: 그들은 문을 닫은 노동자들 중 일부를 대체하기 위해 시간제 임시직을 고용하고 있었어요. 아침에 몇 시간 정도 일을 할 수도 있고, 풀타임 근무를 할 수도 있어요.

스탠 : 조심해요.

오스카: 왜요?

스탠 : 왜?! 감정이 고조되고 있어. 그래서지.

오스카: 네, 뭐, 그들이 시간당 11달러를 제시하고 있으니까요.

스탠 : 나도 알아요. 지금 입장에서는 좋아 보이지만 그 11달러는 수많은 좋은 사람들의 주머니에서 나오는 거야. 그리고 그들은 그것을 좋아할 리가 없지.

오스카: 그건 유감이죠. 하지만 내 문제는 아니에요. 나는 2년 동안 그 조합에 들어가려고 노력해 왔어요. 그리고 내가 물어볼 때마다, 나는 반발만 샀다고요. 그래서 이제, 저는 좀 융통성 있게 해보려고요, 그들은 아니겠지만.

스탠 : 내 의견을 듣고 싶어?

오스카: 말하실 거잖아요?

스탠 : 그러지 마요.

오스카: 그건 당신의 생각이에요. 그들이 제가 여기서 버는 것보다 시간당 3달러를 더 준다고 그래요. 3달러 말이에요. 그들이 제공하는 것은 내가 고등학교를 졸업한 이후로 손댄 어떤 것보다 낫다고요. 그래서, 난 그냥 선을 확 넘어보려고요. 뭐 센 척들 해보라고 해요, 하지만 그래봤자 겁 안 나요, 우리 동네에서 걸어지나가는 것보다 훨씬 안 겁난다고요. 난 거친 게 뭔지 알아요. 완전 바닥에서 굴러도 안 무섭다고요.

스탠 : 알겠어, 터프가이. 하지만, 내 말 믿게, 진짜 적을 만들게 될 거야. 당신이 아는 사람 몇 명.

오스카: 그들은 제 친구가 아니에요. 내 집에 와서 내 화초에 물을 주는 사이가 아니죠.

스탠 : 6개월 후면 그들이 너 같이 선 넘는 놈들을 또 구할 거고. 그리고 알아? 그들은 그들에게 10달러를 제시할 거야. 보라고. 그러면 당신은 직장을 잃게 될 거요. 누군가가 당신 곁을 지켜주길 바라면서. 하지만 아무도 안 할 거야.

오스카: 왜 나한테 그런 식으로 대하는 거죠? 제가 당신을 무시하는 것도 아니잖아요. 그냥 돈을 받으려고 하는 거예요, 그게 다예요. 3년 동안 그저 상자를 나르는 일만 했죠. 20달러짜리 지폐를 벽에 붙여놓고 동기부여 녹음테이프로 가득 찬 서랍도 있어요. 식물원에서 부에나수에르테 한 병과 24시간 내내 불을 켜놓는 양초를 샀어요. 나는 계속해서 행운을 빌어요. 그게 다예요. 그냥 약간의 돈. 그냥. 아버지는 올스테드 공장처럼 공장에서 바닥을 청소했죠. 그들은 아버지에게 노동조합 카드도 주지 않으셨어요. 하지만 그는 매일 새벽 4시에 일어나 철강 공장에서 일을 하고 싶었기 때문에, 그게 미국식이었기 때문에, 그는 "언젠가 그들이 나를 들여보내줄 것이다."라고 생각하며 바닥을 쓸었다. 나는 아버지가 어떻게 느꼈을지를 알아요, 사람들이 매일 여기에 와요. 그들은 나를 쳐다보지도 않고 스쳐 지나가죠. 안 보죠 (그냥): "안녕, 오스카." 만약 그들이 나를 보지 못한다면, 나도 그들을 볼 필요가 없어요.

스탠 : 그래 뭔 말인지 알아. 하지만 말이야, 그럴 거야 진짜? 올스테드 공장 말고 다른 곳을 알아봐. 이러면 안 돼.

2022학년도

본책 p.26

01

하위내용영역	배점	예상정답률
영문학 A형 기입형 – 소설	2점	50%

모범답안· marriages

한글 번역

"그래, 스티븐스. 난 부인에게 당신이 진짜라고 했지. 당신이 정말 오래된 영국 집사이고, 30년 넘게 이 집에 살면서 영국인 집 주인을 섬겼다고 말이야. 하지만 웨이크필드 부인은 이 점에 대해서 동의하지 않았어. 사실, 그녀는 엄청나게 자신 있게 나에게 반박을 하더군."

"그렇습니까?"

"스티븐스, 웨이크필드 부인은 내가 당신을 고용하기 전까지 여기서 일하지 않았다고 확신했어. 사실, 그녀는 당신에게 들은 대로 믿고 있는 모양이던데. 자네가 상상할 수 있듯이 날 바보처럼 만들었어."

"유감입니다."

"스티븐스, 이곳은 정말이지 웅장하고 오래된 영국풍 집이야 그렇지? 그것이 바로 내가 이곳을 산 이유이지. 그리고 뭐 하는 척만 하는 다른 이들과는 다르게 진정한 전통 있는 영국의 집사이지. 당신은 진짜라구, 그렇지 않나? 그것이 바로 내가 원했던 것이지, 그렇지 않나?"

"감히 말씀드리지만 그렇습니다."

"그럼 웨이크필드 부인이 하는 말이 무슨 말인지 설명해 주겠어? 그것이 나에겐 정말 미스테리거든."

"아마도 웨이크필드 부인에게 제 직업에 관해서 약간의 오해의 소지가 있는 설명을 한 것 같습니다. 이것이 당혹스럽게 만들었다면 죄송합니다."

[…]

"그런데 스티븐스, 왜 부인에게 그런 이야기를 했지?"

나는 그 상황에 대해 잠시 생각한 뒤 말했다: "죄송합니다. 하지만 이것은 이 나라의 방식과 관련이 있습니다."

"무슨 소리지?"

"제 말은, 영국에서는 관습상 피고용인들이 이전의 고용인에 대해서 말하는 것을 바람직하게 생각하지 않습니다."

"알겠네, 스티븐스, 그래서 과거의 비밀들을 말하지 않으려 하는 거지. 그런데 그게 나 말고 다른 사람을 위해 일했었다는 걸 부인하는 것으로까지 확대되는 건가?"

"그렇게까지 말씀하시는 것은 다소 극단적인 것 같습니다, 나리. 하지만, 피고용인들이 그런 인상을 주는 것은 종종 바람직하게 여겨져 왔습니다. 이런 식으로 말씀드리면 결혼과 관련된 관습과 좀 비슷합니다. 이혼한 여성이 두 번째 남편과 함께 있다면, 첫 번째 결혼에 대해서는 전혀 언급하지 않는 것이 바람직하다고 여겨집니다. 우리의 직업과 관련해서도 비슷한 관습이 있습니다."

"음, 스티븐스, 그런 관습에 대해 미리 알았더라면 좋았을 것 같군." 고용주가 의자에 등을 기대며 말했다. "내가 얼간이처럼 보였을 것임에 틀림없군."

[출전] <The Remains of the Day> by Kazuo Ishiguro(1954-)

02	하위내용영역	배점	예상정답률
	영문학 A형 서술형 – 시	4점	45%

모범답안 • The word is "Spanish". Second, it means the rule stated by the "famous poet" requiring a native fluency in a language to be a real poet in that same language.

한글 번역

한 유명한 시인이
"모국어로만 시를 쓸 수 있어"라고 말한 것을 들었을 때
나는 망연자실했지.
영어를 쓰는 국가에 최근에 도착한, 나는
자리에 미끄러지듯이 앉으며 눈물을 참았어
태워서 없애 버려야 할 가짜 시들로 가득 찬 공책에 대해 생각하면서,
어쩌면 혹시 빠져나갈 구멍이 조금이라도 있을까 생각하면서,
어쩌면 만약이지만 어쩌면 대사관에 주둔해 있는
아낙네들로부터 배운 자장가를 엄마가
나에게 불러주었을 수도 있지 않았을까 생각하면서,

어쩌면 엄마가 내가 아기였을 때 BBC 혹은
〈미국의 소리〉 방송을 내 침대 옆에 켜놓은 것은
아닐까 생각하면서,
어쩌면 기숙학교를 나온 엄마의 친구가 보내준
영어로 말하는 인형을 생각하면서.
어쩌면 내가 이러한 글쓰기 규칙의 예외가 될 수 있지는 않을까?
몇 달 동안 나는 글이 전혀 써지지 않아서 고통을 받았지
나는 그것(글이 전혀 써지지 않음)에 대해 상상했다, 백지가 아니라,
매 행에서 나를 스페인어를 쓰는 나라로 다시 돌려보내는
문학의 국경 수비대로서 그것을.

나는 글쓰기를 포기했고 텔레비전을 많이 봤지
그리고 놀라운 일이 벌어졌지, 전혀 그럴 것 같지 않은 영역에서
조언이 나왔으니. 그녀가 왔지
대담하고 올리브색 피부를 가진,
자신의 엉덩이를 흔들면서,
바나나 한 바스켓을 머리에 인 채로,
그녀의 경쾌한 말투는 느낌으로 충만했지.
심장이 영어를 말하는 방식과 유사했지
만일 심장이 말할 수 있다면. 나는 텔레비전 스크린을 만지면서
나 자신만의 심장으로 노래했지, 나의 새 뮤즈와 함께.
나는 치키타 바나나, 난 여기에 있지, 말하기 위해.

[출전] "First Muse" by Julia Alvarez(1950–)

03

하위내용영역	배점	예상정답률
영문학 B형 기입형 – 소설	2점	45%

 neglect

 번역

    잠금장치. 그는 여전히 베란다 현관문들 중 하나의 잠금장치를 갈아 끼워야 했다. 그 일은, 대다수의 그런 일들이 그렇듯이, 생각했던 것보다 훨씬 어려웠다. 부식으로 인해 알루미늄이 깨진 오래된 잠금장치는 제조사들에 의해 고의적으로 더이상 쓸모가 없도록 만들어졌다. 세 개의 공구점을 돌아다녔지만, 그 어디에서도, 잠금장치가 제거(놀랍게도 쉬운)된 그 장붓구멍(목재에 다른 목재를 끼우기 위해 내는 구멍)에 심지어 비슷하게라도 맞는 것은 찾을 수가 없었다. 또 하나의 다른 구멍이 파져야만 했는데, 천공기 끝에 부착된 날(너무나 작은)과 톱(너무나 큰)을 가지고. 그런데 그 예전의 낡은 구멍은 나무토막에 딱 맞았는데, 끌은 둔하고, 톱은 낡았고, 그의 손가락은 수면 부족으로 무뎠다. 햇빛이, 현관을 넘어서, 그 방치된 세상 위로 쏟아졌다. 덤불은 가지치기가 필요한지 상당히 됐고, 바람이 불어오는 쪽에는 페인트 조각이 떨어져 나갔고, 그가 떠나면 비가 들이닥쳤고, 곤충들이 썩고, 죽어가고 있었다. 그가 잃은 모든 것인 그의 가족은, 나사구멍, 조각들, 이해하기 힘든 취급 설명서, 금속의 사소한 것들과 그가 고군분투하는 동안, 그의 인식의 가장자리를 통해 침투하였다.

[출전] "Separating" by John Updike(1932－2009)

	하위내용영역	배점	예상정답률
04	영문학 B형 서술형 – 드라마	4점	40%

모범답안· The word is "sick". Second, it means that the discomfort of rehab overshadows the enjoyment of creative wordplay the man had previously.

한글 번역

수천 마일 밖에서 나는 낮은 통화 연결음. 남자와 여자의 목소리들이 들린다; 그들은 대화를 하고 있는 중이다.

남자 : 뭐하고 있어?
여자 : 뭐하냐고?
남자 : 나한테 말하는 동안에. 무엇인가를 들었거든. 뭐하고 있어?
여자 : 무슨 소리처럼 들리는데?
남자 : 클릭 – 클릭 – 클릭
여자 : (단숨에, 한 호흡으로) 아 그 클릭 소리? 그건 아주 작은 미풍에 흔들리는 블라인드 소리야, 아주 작은 미풍; 그건 내가 거북이 껍질 모양의 머리핀을 끄르는 소리야, 내가 그 머리핀을 접었다 폈다 했거든; 그건 이탈리안 라이터가 나의 마지막 담배에 불붙이는 소리야; 그건 싸구려 크리스마스 쓰레기들이 길에서 내는 소리야; 그건 탄생석이 바닥에 떨어져 나는 소리야; 그건 새가 부리를 탁탁 부딪치는 소리야: 그건 모스 부호 소리야, 그 모스 부호는 우리가 해독은 못 하는데 꼭 알 필요가 있는 긴급한 메시지야; 그건 그리고 뒷문에 있는 잠금장치 소리야; 그건 히터가 딸깍딸깍하는 소리를 내며 돌아가는 소리야; 그건 시계가 1, 1, 1하며 갇혀 있는 소리야; 그건 전화선이 고장나서 삐걱거리는 소리야; 그건 내가 작년 겨울에 눈 위에 떨어져서 늘어진 턱뼈에서 나는 클릭 소리야; 그건 손톱깎이 소리야.
남자 : 당신의 그 은유들 정말 싫증이 나.
여자 : 당신 이런 어구 전환들 좋아했었잖아.
남자 : 그건 내가 중독 치료를 하기 전까지야.
여자 : 회복이 모든 것으로부터 시를 빼앗아 간 것 같네, 그치?
남자 : (차디찬) 외풍이 부는 복도에 있는 공중전화에서 분당 5센트하는 전화를 하는 순간엔, 그래, 그렇다고 말할 수밖에 없지.
(작은 쿵 치는 소리)
그래. 모든 것이 말일 뿐이잖아.
여자 : 그것이 우리 둘이 현재 할 수 있는 전부잖아, 안 그래? 당신은 이천 마일이나 떨어져 있는 곳에 있으니까 우리는 말들로 축소될 수밖에 없잖아, 맞지?
남자 : 그래, 그런 것 같아.

[출전] <Click> by Brighde Mullins(1964–)

2021학년도

📖 본책 p.33

01	하위내용영역	배점	예상정답률
	영문학 A형 기입형 – 소설	2점	50%

모범답안 Cat

한글 번역

　　그건 그 당시에는 좋은 생각처럼 보였을 수도 있다. 물론, 필립 댄비는 단지 농담이었을 뿐이었지만, 그는 New Age 고객들을 웃기기 위하여 그것을 진지한 톤으로 말했었는데 이 바보들은 그걸 진짜로 믿는 것처럼 보였다. "저는 고양이로 다시 태어나고 싶습니다," 에스커리지 만찬 테이블에 놓인 촛불 속에서 익살스럽게 웃으며, 그가 말했다. 그는 다른 사람들이 환생에 대해 웅성거리는 걸 들으며 웃음을 참기 위해 숨을 멈춰야만 했다. 그곳의 여성들은 더 밝은 색의 금발과 더 날씬한 몸매로 다시 태어나고 싶어 했고, 남성들은 달라스의 카우보이부터 떡갈나무에 이르기까지 모든 것이 되고 싶어 했다. 떡갈나무라고? 그리고 그는 이 바보들이 자신의 회사에 사업 건수를 좀 주기를 바라며, 무심한 얼굴로 그 모든 것을 견뎌야 했다.

　　고객들의 비위를 맞추기 위해 그가 참아내야만 했던 것들. 그러나, 그의 파트너인 자일스 에스커리지는, 그 부분에서는 어려움이 없었던 듯했다. 자일스는 부자와 미친자들은 함께 가는 법이며, 그러므로 돈벌이가 되는 사업을 원하는 건축가들은 괴짜들을 견뎌낼 준비가 되어 있어야만 한다고 자주 말하곤 했다. 건축가들은 또한 긴 시간의 노동, 고집 센 건물 계약인들, 그리고 변덕스러운 도시 설계 위원회를 견뎌내야만 했다. 아마도 그것이 댄비가 다음 생에 고양이로서 사는 삶을 선택한 이유였을 것이다. 그가 만찬 참석자들에게 그날 밤 설명하였듯이, "고양이는 독립적입니다. 고양이들은 누구에게도 굽실거릴 필요가 없지요; 하루에 열여섯 시간을 자고요; 그러면서도 이 아이들은 먹여지고 거두어지며 심지어는 사랑도 받습니다 – 그저 자신의 버릇없는 작은 자아 때문에요. 이것은 저에게 상당히 괜찮게 들리네요."

[출전] "Nine Lives to Live" from *Foggy Mountain Breakdown*(1997) by Sharyn McCrumb(1948–)

하위내용영역	배점	예상정답률
영문학 A형 서술형 – 시	4점	35%

02

모범답안 The word is "looking-glass". Second, the underlined part means the place where the river becomes wider before it joins the sea, (getting larger like a grown-up would).

한글 번역

벚나무 위로
작은 나 말고는 도대체 누가 올라가서 들어갈까요?
나는 나무줄기를 내 양손으로 잡고
저 멀리 낯선 땅을 바라보았어요.

나는 이웃집 정원이,
내 눈앞에 꽃으로 치장되어 놓인 것과,
내가 전에는 본 적 없던
기분 좋은 장소들을 많이 보았어요.

나는 옴폭 패인 강이 흐르며
하늘의 파란 거울이 되는 것을 보았어요;
먼지 낀 길들은 오르락내리락 하는데
그 길을 따라 사람들이 마을로 터벅터벅 걸어 들어가는 것도 보았어요.

만약 내가 더 높은 나무를 찾을 수 있다면
멀리 더 멀리 나는 볼 수 있을 텐데,
다 자란 강이 슬며시
배들이 둘러싼 바다로 들어가는 곳까지,

양쪽으로 향하는 길들이
요정의 땅까지 계속해서 이어지는 곳까지,
모든 아이들이 다섯 시면 저녁을 먹고,
모든 장난감들이 살아나는 요정의 땅.

[출전] "Foreign Lands"(1934) by Robert Louis Stevenson(1850－1894)

03

하위내용영역	배점	예상정답률
영문학 B형 기입형 – 소설	2점	55%

모범답안· obliged

한글 번역 ▪▪

그녀는 가게 안으로 들어갔다. 가게는 따뜻했고 맛있는 냄새가 났다. 여자가 뜨거운 빵을 창가로 좀 더 내놓고 있던 참이었다.

"실례지만," 새라가 말했다. "4페니를 잃어버리신 적이 있으신가요? 4페니짜리 은화요." 그리고 그녀는 버려진 것 같은 작은 동전을 그녀에게 꺼내 보였다.

그 여자는 그것을 보고는 그 여자아이를 – 그녀의 진지한 작은 얼굴과, 한때는 좋은 옷이었을, 후줄근한 옷을 보았다.

"세상에, 아니란다." 그녀는 답했다. "네가 그것을 찾았니?"

"네," 새라가 말했다. "배수로에서요."

"그러면 네가 가지거라," 여자가 말했다. "그건 일주일 동안 거기에 있었을 수도 있고, 누가 잃어버렸는지는 아무도 모른단다. 너는 누가 잃어버렸는지 절대 찾아낼 수 없을 거야."

"그건 알아요," 새라가 말했다, "하지만 아주머니께 여쭤봐야 한다고 생각했어요."

"그런 사람은 많지 않을 거란다," 여자는 말하며, 혼란스럽고 […] 또 동시에 온화해 보였다.

"무얼 좀 사 갈래?" 그녀는 새라가 빵을 흘깃거리는 것을 보며 덧붙였다.

"괜찮으시다면, 빵 네 개요," 새라는 말했다. "페니당 한 개씩이요."

그녀는 창문으로 가서 종이 가방에 몇 개를 넣었다.

새라는 그녀가 6개를 넣는 것을 알아챘다.

"네 개라고 했는데요," 그녀가 설명했다. "저는 4펜스밖에 없어요."

"두 개는 덤으로 넣으마," 여자가 온화한 표정으로 말했다. "아마 나중에 네가 먹을 수도 있겠지. 배고프지 않니?"

새라의 눈가에 물기가 어렸다.

"네," 그녀가 대답했다. "저는 정말 배고프고, 아주머니의 친절함에 아주 감사드려요; 그리고" – 그녀는 덧붙이려 했다. "저보다 더 배고픈 한 아이가 바깥에 있어요." 그러나 바로 그 순간 두세 명의 손님이 한꺼번에 들어왔는데, 모두 바빠 보였고, 그래서 새라는 여자에게 다시 한번 감사하며 나갈 수밖에 없었다.

[출전] <A little Princess>(1905) by Frances Hodgson Burnett(1849－1924)

04	하위내용영역	배점	예상정답률
	영문학 B형 서술형 – 드라마	4점	40%

모범답안 • The word is "foreboding". Second, Cynthia is thinking of a police dog and Felicity is thinking of an inspector.

한글 번역

(드러지 부인이 펠리시티에게 다가가자, 펠리시티가 벌떡 일어났다. […] 그녀는 매그너스가 그의 비스킷을 사양하는 동안 라디오로 가며, 드러지 부인은 떠난다.)

라디오 : 특별 경찰 메시지를 위해 우리 프로그램을 잠시 중단합니다. 에섹스에서 탈주한 위험한 광인의 탐색이 이제 멀둔 영지 근방으로 좁혀졌습니다. 경찰들은 지독한 늪과 안개에 지장을 받고 있지만, 그 광인이 절벽 위의 버려진 오두막에서 지난 밤을 보낸 것으로 생각하고 있습니다. 시민 여러분은 함께 뭉쳐서 반드시 무리 중 그 누구도 잃어버리는 일이 없도록 하라는 조언입니다. 이것으로 경찰 메시지를 마칩니다.

(펠리시티가 불안한 마음으로 라디오를 끈다. 정적.)

신시아 : 사이먼은 어디 있어?

펠리시티 : 누구?

신시아 : 사이먼. 걔 본 적 있어?

펠리시티 : 아니.

신시아 : 매그너스, 너는?

매그너스 : 아니.

신시아 : 오.

펠리시티 : 그래, 무언가 불길한 예감의 기운이 감돌아, 이건 마치 우리 중 누군가가 –

신시아 : 오, 펠리시티, 집은 단단히 잠겨있어 – 아무도 들어올 수 없게 – 그리고 경찰들이 실제로 문간에 있다고.

펠리시티 : 모르겠어 – 그저 느낌이 그래.

신시아 : 그건 안개일 뿐이야.

매그너스 : 하운드는 이런 날을 절대 뚫고 오지 못할 텐데.

신시아 : (그에게 소리치며) 안개라니까!

펠리시티 : 그는 경위를 말하는 거야.

신시아 : 그가 개를 데리고 온다고?

펠리시티 : 그건 나야 모르지.

매그너스 : – 절대 그 늪을 통과해 오지 못할 거야. 그래, 나는 그 광인이 지금 이 안전함 속에서 그의 패를 보일 수도 있다는 것이 두려워.

(구슬픈 하울링 소리가 짧게 울리는 것이 멀리서, 무섭게 들린다.)

신시아 : 저거 뭐야?!

펠리시티 : (긴장하여) 거대한 사냥개의 울음처럼 들렸어!

매그너스 : 불쌍한 것!

신시아 : 쉬잇!

(그들은 듣는다. 그 소리가 더 가까이에서 반복된다.)

펠리시티 : 또 그 소리야!

신시아 : 이쪽으로 오는 중이야 – 이 집 바로 밖이야!

(드러지 부인이 들어온다.)

드러지 부인 : 하운드 경관이에요!

신시아 : 경찰견?

(하운드 경관이 들어온다. 그의 발에는 그의 늪 부츠가 신겨져 있다. 이 신발은 두 짝의 부풀릴 수 있는 – 그리고 부풀려져 있는 – 밑바닥이 평평한 직경 2피트 정도 되는 폰툰이다. 그는 무중 호각을 들고 있다.)

하운드 : 멀둔 부인?

[출전] <The Real Inspector Hound>(1968) by Tom Stoppard(1937−)

2020학년도

본책 p.40

01

하위내용영역	배점	예상정답률
영문학 B형 서술형 - 소설	4점	45%

모범답안 The best word for the blank is "potential". Next, the meaning of the underlined is that the father had dreams of fame with large projects that his little talent frustratingly couldn't allow him to reach.

한글 번역

아버지는 실패한 다큐멘터리 영화감독이다. 내가 실패라고 한 이유는 그가 인생에서 단 하나의 작품만을 만들었기 때문이다. 하지만 70년대 후반 짧게나마, 내가 자랄 때, 그는 나중에 소박한 명성이라 칭한 것을 성취했다. 그의 소박한 명성의 원천은 남부 네바다주에 사는 Shoshone 인디언 집단에 관한 단편 다큐멘터리 영화였다. 누가 지금 그 영화를 기억할지는 의문이지만, 개봉 후 몇 주, 몇 달간, 아버지는 몇몇 작은 영화제에서 평단의 찬사를 받았고, 약간의 보조금을 벌고, 또 다른 10년간 영화를 계속 만들어 갈 충분한 […] 용기를 얻었다. 내가 알기로는, 그는 이후로 다른 영화를 결코 완성시킨 적이 없었고, 대신 한 프로젝트에서 다른 프로젝트로 건너뛰다가 결국 자신이 믿기에 더 가능성 있는 영화를 위해 진행 중인 영화를 포기해 가면서 인생의 다음 10년을 허비했다.

어머니와 나는 남부 캘리포니아에 거주했는데, 거기에서 어머니는 변호사로 일을 했다. 서너 달에 한 번씩 다른 지역에서 자신의 최신 콘셉트에 관한 소식을 전해오는 아버지의 연락이 왔다. 그것이 항상 그의 최선이었고, 어머니에게 그의 물건이나, 현금 채권을 팔거나 집을 가지고 담보로 융자를 받길 요청했다. 마침내, 팔 물건이 남아있지 않았을 때, 그는 그녀에게 그야말로 대출까지 요구하기 시작했다. 엄밀히 말하면, 부모님은 그때 헤어진 상태였지만, 어머니는 여전히 아버지를 너무 사랑하고 있었고, 결코 그 사랑을 멈출 수 없었으며 더 심각한 것은 거의 완강한 근시안적 태도로 그의 재능을 믿었다. 어머니는 아버지가 성공하기를, 아마도 아버지 자신보다 훨씬 더 바랐고, 오늘까지 나는 여전히 이것이야말로 그녀의 가장 큰 흠이라고 생각한다.

아버지는 결코 자신이 한때 얻기를 희망하던 유형의 명성을 가질 운명이 아니었음을, 20년이 지나고서야 이제 나는 말할 수 있다. 그는 결코 위대한 영화감독이 될 운명이 아니었고(그런 다큐멘터리 감독 자체가 거의 없다), 심지어 그의 동료들이 누렸던 작은 상들조차 받을 운명도 아니었다. 그가 가졌던 작은 재능은 단지 그를 좌절시키는 원인이자 모호하고, 실현되지 않은 잠재력에 대해 지속적으로 상기시켜주는 역할로서만 작용한 것처럼 보였다. 하지만 내가 어렸을 적에, 나는 아버지의 잠재력을 정말 믿었고, 그를 매우 그리워했음에도, 그렇게 자주 집을 비운 아버지를 책망한 적이 결코 없었다.

[출전] "Coyotes" by Andrew Porter

02

하위내용영역	배점	예상정답률
영문학 B형 서술형 - 시	4점	40%

모범답안 The best words for the blanks are "singer" and "wanderer" respectively. Second, the meaning of the underlined is that the wind can be heard in the silence of night time.

여름의 그윽한 밤중에
구름 한 점 없는 달빛이
응접실의 열린 창문으로 들어왔고
장미나무가 이슬에 젖었다.

나는 고요한 사색에 빠졌고
부드러운 바람이 머릿결을 흔들었다.
내게 말하길, 천국은 영광스러웠고
조용한 대지는 아름답구나.

나는 숨결이 필요하지 않았다.
그런 생각을 내게로 끌어오기 위해
하지만 바람은 여전히 낮은 목소리로 속삭였다.
"숲이 얼마나 어두운가!

내 중얼거림 속 두툼한 나뭇잎들은
마치 꿈처럼 바스락거리고,
수많은 목소리들이
영혼에 배인 것처럼 보이네."

나는 말했다, "가거라, 온화한 가수여,
너의 애원하는 목소리는 친절하지만
그 음악이 내 마음에 닿는 힘은
가진 것으로 생각되지 않는다.

향기 나는 꽃,
어린 나무의 유연한 가지와 함께 놀고,
내 인간적인 감정을
흐르는 경로 속에 남겨 놓아라."

그 방랑자는 나를 떠나지 않았다.
그의 입맞춤은 여전히 더 따뜻해져 가고
"오, 이리 오시오." 너무도 달콤하게 숨을 쉬었다.
"당신의 의지와는 달리 당신을 취하겠소.

우리는 어렸을 적부터 친구가 아니었던가?
내가 당신을 오래 사랑하지 않았던가?
고요함이 내 노래를 깨우는 그 밤을
당신이 사랑하는 한은,

그리고 당신의 마음이
교회 들판 돌 아래에 놓여 쉬고 있을 때
나는 슬퍼할 시간을 충분히 가질 것이고
당신도 혼자 있을 시간을 가질 것이오."

[출전] "The Night-Wind" by Emily Bronte(1818－1848)

	하위내용영역	배점	예상정답률
03	영문학 B형 서술형 – 드라마	4점	30%

모범답안• The appropriate word for the blank is "tempo". Second, Owen's opinion of the word "Bunowen" is that it doesn't properly anglicize "Bun na hAbhann" though it is not as bad as "banowen", "Owenmore", or "Binehone".

한글 번역

공병들은 이미 그 지역의 대부분을 지도화했다. 오웬이 지금 하고 있는, 욜랜드의 공식 업무는 독특한 아일랜드식 이름을 가진 모든 언덕, 강, 바위, 심지어 땅바닥 구석구석까지 가져다가 적절한 영어 발음으로 바꾸거나 영단어로 번역함으로써 그것들을 영어식으로 만드는 것이었다. 번역가로서 오웬의 공식 직무는 각각의 이름을 아일랜드식으로 발음한 뒤 그것의 영어 번역을 제공해주는 것이었다.

오웬 : 자. 어디까지 얘기했지요? 맞아요, 시냇물이 바다로 들어가는 그 지점. 저기 저 작고 작은 해변 말입니다. 조지!

욜랜드 : 그래, 듣고 있어요. 저길 뭐라고 부르죠? 아일랜드식으로 다시 말해주겠어요?

오웬 : Bun na hAbhann입니다.

욜랜드 : 뭐라고요?

오웬 : Bun na hAbhann예요.

욜랜드 : Bun na hAbhann이군요.

오웬 : 참 끔찍하네요, 조지.

욜랜드 : 알아요, 미안하지만, 다시 한번 말해주세요.

오웬 : Bun na hAbhann.

욜랜드 : Bun na hAbhann.

오웬 : 좀 낫네요. Bun은 아일랜드어로 바닥을 뜻해요. 그리고 Abha는 강을 뜻하죠. 그래서 문자 그대로 강의 입구를 의미해요.

욜랜드 : 그럼 그냥 놔두죠. 영어에는 그런 소리에 해당하는 단어가 없으니.

오웬 : 교회 등록부에서는 뭐라고 부르나요?
(이제야 욜랜드가 눈을 뜬다.)

욜랜드 : 자 한번 보죠... Banowen이라고 쓰여 있네요.

오웬 : 그건 틀렸어요. (문서를 보며) 자유 보유권자 명단에서는 그걸 Owenmore라고 부르네요. 그건 완전히 잘못된 거예요. 그리고 대배심원 명단에서는, 맙소사, Binhone라고 불리네요. 어떤 이유에서 그렇게 불렸는지는 모르겠지만. 내 생각엔 그것을 Bunowen으로 영어식 명칭을 만들 수 있을 것 같군요. 하지만 왠지 그건 이도 저도 아닌 것 같습니다.
[욜랜드는 다시 눈을 감는다.]

욜랜드 : 아이구 난 포기할래요.

오웬 : (지도를 보며) 제1원칙으로 돌아가보죠. 우리는 무엇을 하려는 거죠?

욜랜드 : 좋은 질문이군요.

오웬 : 우리는 저 작은 지역의 저 작은 강물이 바다로 들어가는, 질척거리는, 바위투성이의, 모래투성이의 땅을, 지역에서는 Bun na hAbhann으로 알려진 영역의 이름을 짓는 동시에 묘사하려는 거예요. Burnfoot! Burnfoot은 어떤가요!

욜랜드 : (심드렁하게) 좋아요, 롤랜드. Burnfoot이 좋군요.

오웬 : 내 이름은 (롤랜드가 아니라) 조지입니다.

욜랜드 : B–u–r–n–f–o–o–t?

오웬 : 그런 것 같습니다. 어떠십니까?

욜랜드 : 동의해요.

오웬 : 만족하시나요?

율랜드 : 그래요.

오웬 : 그럼 Burnfoot으로 하죠. (그는 그 이름을 명부에 기입한다.) [⋯]

율랜드 : 아주 능숙해졌군요.

오웬 : 우린 충분히 빠르게 하고 있지는 않습니다.

율랜드 : (다시 눈을 뜨고) 랜시가 어젯밤 내게 또 잔소리했어요.

오웬 : 그의 근무가 언제 여기서 끝나죠?

율랜드 : 공병들이 주말에 여기서 철수할 예정이에요. 문제는, 그들이 완성한 지도들이 이 이름들 없이는 인쇄될 수 없다는 거죠. 그래서 런던(본부)은 랜시에게 소리를 빽빽 지르고, 랜시는 내게 소리를 빽빽 지르죠. 하지만 난 겁나지 않았답니다. [⋯] "죄송합니다. 하지만 어떤 업무들은 그것들만의 속도를 필요로 합니다. 하룻밤 사이에 나라 전체의 이름을 다시 지을 수는 없습니다." 당신의 아일랜드 공기가 나를 대담하게 만들었어요.

[출전] <Translations> by Brian Friel(1929－2015)

2019학년도

본책 p.47

01

하위내용영역	배점	예상정답률
영문학 A형 기입형 – 미국드라마	2점	50%

모범답안· pipe dreams

한글 번역

패릿 : 뭐해서 먹고 사나요?

래리 : 가능한 일 안 하고 살지. 한 명은 어딘가 돈줄이 있고, 몇 명은 집에 돌아오지 않는 조건으로 집에서 매달 몇 달러씩 받고 있지. 나머지는 무료 식사와 오랜 친구인 해리 호프에 기대어 살지. 해리는 마음에만 들면 안 따져, 누가 뭘 하든 안 하든.

패릿 : 힘든 인생이네요.

래리 : 동정은 아껴둬. 아무도 감사해하지 않아. 어떻게든 술에 취해서 헛된 꿈만 지닐려고 하지. 그게 인생에서 바라는 전부야. 이렇게 만족하는 인간들은 처음 봤어. 정말 가슴이 바라는 바를 달성한다는 것, 흔한 일 아니지. 해리와 저쪽 끝 테이블의 두 단짝도 마찬가지지. 해리도 얼마나 흡족하면 아내를 잃고 20년간 여기서 한 발짝도 안 나가겠어? 바깥세상에서 바라는 게 없지. 여기야 길 건너 사람들하고 부두 노동자들로부터 괜찮은 거래로 재미를 보지. 해리가 마시고 인심을 써도 밑지진 않아. 형편이 어려워도 걱정 안 해. 송사리 정치가 시절부터 알던 태머니파 친구들이 있고, 마음씨 좋은 양조장도 있거든. 저기 두 친구, 하는 건 없고 평생 손님 노릇이지.

[출전] <The Iceman Cometh> by Eugene O'Neill(1888－1953)

02

하위내용영역	배점	예상정답률
영문학 A형 기입형 – 영국소설	2점	40%

모범답안· footsteps

한글 번역

　내 성—이 사건 이후로 내 집을 그렇게 부르게 되었다—에 도착하자 나는 마치 쫓기는 사람처럼 부리나케 안으로 도망쳐 들어갔다. 사다리를 타고 넘어갔는지, 아니면 내가 문이라 부르는 암벽에 뚫린 구멍으로 들어갔는지, 그것조차 기억나지 않는다. 아니, 이튿날 아침에도 기억하지 못했다. 너무나 두려워서 굴속으로 달아나는 산토끼나 여우도 나만큼 공포감을 느끼지는 않았을 것이다.

　그날 밤 뜬 눈으로 밤을 새웠다. 공포를 불러일으키는 원인에서 멀어지면 멀어질수록 불안감은 더욱 커져갔다. 대개는 무서운 것을 보았더라도 거기서 멀어지면 불안감도 차츰 사라지는 법인데, 그와는 반대로 나는 그것을 무서운 것으로 제멋대로 단정하고 그 생각 자체에 겁을 먹고 있었기 때문에, 아무리 현장에서 멀어져도 무서운 상상만 잇따라 떠오르는 것이었다. 저건 악마의 짓이 틀림없다고 생각하면, 이 망상과 함께 여러 가지 그럴듯한 논리가 머리에 떠올라 그 생각을 틀림없는 사실로 만들어버린다. 그게 악마가 아니라면, 어떤 존재가 인간의 형상으로 이곳에 올 수 있겠는가? 그들을 태우고 온 배는 어디에 있단 말인가? 왜 발자국이 하나밖에 없는가? 어떻게 사람이 이 섬에 올 수 있단 말인가? 하지만 그게 악마라면, 일부러 이런 무인도에 와서 인간의 모습으로 변신하여 발자국 하나만 남기는 것은 이상한 일 아닌가. 발자국도 내 눈에 꼭 띈다고 단정할 수 없는 것이니까, 아무런 목적도 없이 자신의 발자국을 남기는 것 더 확실한 방법은 얼마든지 있을 텐데. 더구나 내가 살고 있는 곳은 섬 반대쪽인데, 눈에 띌 가능성이 만분의 일도 안 되는(가능성이 거의 없는) 모르는 곳에 발자국을 남길 만큼 얼빠진 악마는 없을 거야. 게다가 발자국도 모래 위에 남기면, 바람이나 파도에 휩쓸려 흔적도 없이 사라져 버릴 게 뻔한데. 이런 것들은 우리가 보통 생각하는 악마의 교묘함과는 거리가 멀지.

[출전] <Robinson Crusoe> by Daniel Defoe(1660－1731)

03	하위내용영역	배점	예상정답률
	영문학 A형 서술형 – 영국시	4점	45%

모범답안• The word that best fits the blank is "friends". Next, the underlined part means that if the speaker makes a promise to the man such as a romantic vow, then she will "fret" or worry about seeking her freedom by breaking the metaphoric "chain" in which the promise imprisons her.

한글 번역

파이껍질 같은 약속

그 어떤 약속도 내게 하지 말아요
나도 그 어떤 약속도 하지 않을게요
우리 서로의 자유를 지켜나가요
거짓도 진실도 아닌 자유를
주사위를 던지지 않은 채로 두고
가고 싶으면 가고 오고 싶으면 오게요
당신의 과거를 난 모르니까요
당신이 내 과거에 대해 모르듯이

그처럼 따뜻한 당신, 예전 언젠가
다른 누군가에겐 더 따뜻했겠죠
이처럼 차가운 나도 언젠가 한땐
햇빛을 보고 해를 느꼈을 거고요
예전에 정말로 그랬는지 아닌지
그 누가 우리에게 알려주겠어요?
거울 속의 이미지는 희미해지고
그 누구도 운명을 말해주진 않죠

혹시라도 당신이 약속을 한다면
잃어버린 자유를 곧 그리워할 거예요
나도 혹여 약속을 한다면 아마도
구속에서 벗어나려 안달을 부릴 거예요
우리 예전의 친구 사이로 돌아가요
그 이상도, 그 이하도 아닌
작은 대가를 치르고 이룬 것들은
지나친 결과로 끝을 맺곤 하니까요

[출전] "Promise Like Pie-Crust" by Christina Rossetti(1830−1894)

04

하위내용영역	배점	예상정답률
영문학 B형 서술형 – 미국소설	4점	45%

모범답안· The situational irony is revealed in section D. Next, he could not bring himself to arrest Bob because they were friends twenty years earlier.

한글 번역

20년 후

[A] 한 구획의 중간쯤에서 경찰은 갑자기 발걸음을 늦췄다. 불이 꺼진 철물점의 문가에 불을 붙이지 않은 시가를 입에 문 한 남자가 기대어 서 있었다. 경찰이 다가가자 남자는 황급히 말했다. "괜찮습니다, 경찰관님." 그는 안심시키는 어조로 말했다. "나는 그냥 친구를 기다리는 중입니다. 20년 전에 한 약속이지요. 조금 웃기게 들리죠, 그렇지 않나요? 글쎄요, 문제없는지 확인하고 싶으시다면 설명해 드리지요. 오래전 이 가게가 서 있는 곳에 식당이 하나 있었답니다. '빅 조 브래디' 식당이었죠."

"5년 전까지 있었죠." 경찰이 말했다.

"그 후 헐렸소." 문가에 서 있던 남자가 성냥을 그어 담배에 불을 붙였다.

불빛에 날카로운 눈을 한 그의 창백하고 각진 턱의 얼굴과 오른쪽 눈썹 주위에 흰색의 작은 흉터가 비쳐 보였다. 그의 스카프 핀에는 커다란 다이아몬드가 기묘하게 박혀 있었다.

[B] 경찰은 곤봉을 휘두르고 한두 걸음 떼었다.

"나는 가던 길을 계속 가야겠군요. 친구가 왔으면 좋겠는데. 약속 시간까지 안 오면 칼같이 떠날 생각인가요?"

"그러지 않을 겁니다!" 상대방이 말했다.

"적어도 30분은 기다려야죠. 지미가 이 지구상에 살아있다면 그 시간까지는 여기 올 겁니다. 안녕히 가세요, 경찰관님."

"안녕히 가시오, 선생." 경찰은 대답하고 순회 구역을 돌며 문단속을 확인했다.

[C] 20분쯤 기다렸을 때, 긴 외투를 입고 깃을 귀까지 덮은 한 남자가 거리의 반대 방향에서 서둘러 가로질러 왔다. 그는 기다리는 남자에게 곧바로 갔다.

"밥, 자넨가?" 그는 의심스럽게 물었다.

"지미 웰즈야?" 문가에 있는 남자가 소리쳤다.

"세상에!" 방금 도착한 남자가 상대방의 손을 덥석 잡으며 외쳤다.

"틀림없이 밥이군. 네가 아직 살아있다면 여기 올 줄 알았어. 이런, 이런, 이런! 20년은 긴 시간이었지. 옛 식당은 헐렸네, 밥. 그곳이 있었으면 했어. 그러면 거기서 다시 저녁 식사를 할 수 있을 텐데. 서부에서는 어땠나, 친구?"

"좋았어. 원한 건 다 이뤘지. 너 많이 변했다. 지미. 네가 나보다 2~3인치 더 클 줄은 생각도 못했는데."

[D] 모퉁이에 불이 밝게 켜진 약국이 있었다. 밝은 곳으로 나오자 두 사람은 서로의 얼굴을 보기 위해 동시에 돌아섰다. 서부에서 온 남자가 갑자기 멈춰 서서는 팔을 뺐다.

"넌 지미 웰즈가 아니야." 그가 내뱉었다.

"20년은 긴 세월이지만, 매부리코를 들창코로 바꿀 정도는 아니지."

"가끔은 착한 사람을 나쁜 사람으로 바꾸기도 하는 모양이지." 키가 큰 남자가 말했다. "당신은 10분 전부터 체포되어 있어, '멋쟁이' 밥. 시카고에서는 당신이 여기를 들릴지도 모른다고 생각하고 우리에게 당신과 얘기하고 싶다는 전문을 보냈어. 조용히 가는 게 좋을 거야. 경찰서로 가기 전에 당신에게 전해 달라고 부탁 받은 쪽지가 하나 있어. 여기 창가에서 읽어도 돼. 웰즈 순경에게서 온 거야."

서부에서 온 남자는 그에게 건네진 작은 종이 쪽지를 펼쳤다. 그의 손은 읽기 시작했을 때는 괜찮았지만, 다 읽었을 때 쯤에는 조금 떨리고 있었다. 쪽지는 꽤 짧았다.

밥에게 : 나는 시간 맞춰 약속 장소에 있었네. 자네가 담배에 불을 붙이려고 성냥을 그었을 때, 나는 그것이 시카고에서 수배하는 남자의 얼굴임을 알았지. 어쨌든 내 손으로는 할 수 없었기에, 돌아와서 사복 형사에게 체포를 부탁했다네 ― 지미."

[출전] "After Twenty Years" by O. Henry(1862－1910)

2018학년도

📖 본책 p.55

01

하위내용영역	배점	예상정답률
영문학 A형 기입형 – 드라마	2점	55%

모범답안 ▸ kneel down

한글 번역 ┊┊

왕이 기다리고 있고 작곡가가 들어온다.

왕　　: 아. 자네가 들어오는 것을 보지 못했네. 자네가...
작곡가 : Bachweist입니다. 전하.
왕　　: 그렇다면 자네는 날 위해 무엇을 할 수 있나?
작곡가 : 저는 전하를 영생하도록 만들어 드릴 수 있습니다.
왕　　: 이미 그건 가능하지.
작곡가 : 저는 전하를 즐겁게 만들어 드릴 수 있습니다.
왕　　: 왕은 즐거워하지 않아, Bachweist, 아이들이나 즐거워하는 거지.
작곡가 : 저는 전하를 멜로디의 거미줄 날개 위에 태워 먼 곳으로 데리고 갈 수 있습니다.
왕　　: Bachweist, 자네는 무릎이나 꿇는 게 좋을 거야 (Bachweist는 무릎을 꿇는다.) 나는 자네의 재능에는 관심이
　　　　없어. 자네의 재능은 통치하고 그것으로 사는 나에게는 부차적인 것이지. 오, 여성에게는 유용할 수 있지만
　　　　나의 위치는 그 이상의 더 강력한 힘이 있지. 오직 다른 음악가들만이 어떤 의미 있는 방법으로 음악에 관심을
　　　　가질 수 있을 것이야. 그리고 물론 비평가들도 명성을 얻기 위해 관심이 있을 수 있지. 아니 Bachweist, 내가
　　　　자네한테 원하는 것은 요구만 하면 자연스럽게 흥얼거릴 수 있는 몇 개의 의식용 작품들이야. 예술에 대한
　　　　나의 존중과 이해에 관한 글로 옮길 만한 절. 나의 위치를 분명히 하기 위해 굽실대는 좋은 모습도 있고, 어떤
　　　　식으로든 검열 받지 않는 단호하고 분명한 믿음도 있지. 풍자는 때때로 문제가 될 수 있어, Bachweist, 어쨌든
　　　　그것은 진정한 음악의 영역을 벗어나는 것이지.

02	하위내용영역	배점	예상정답률
	영문학 A형 서술형 – 시	4점	45%

모범답안 • The poet describes the guests as "short men" because they are showing some of the fundamental qualities and flaws of adult men in terms of competing for status and showing violent character. The word pair "playing war" best completes the commentary.

한글 번역

내 아들의 생일 파티에 손님들이 와서
거실에 모였다.
조그마한 1학년짜리 남자들은
매끈한 턱을 가지고 있다.
주머니에 손을 넣은 채 그들은 서 있다.
거칠게 밀고, 자리를 차지하기 위해 실갱이 하며, 작은 다툼들이
일어나고 잠잠해진다. 한 아이가 다른 아이한테 말한다.
너 몇 살이야? – 여섯 살인데. – 나는 일곱 살이야. – 그래서?
그들은 서로 쳐다보는데, 다른 아이의 눈동자에서 스스로의 작은 모습을 본다.
그들은 목을 많이 가다듬는다. 어린 은행원들이 모여있는 것처럼.
그들은 팔짱을 끼고 얼굴을 찌푸린다.
내가 너 한 방 때려서 넘어뜨릴 수 있어.
일곱 살짜리가 여섯 살짜리에게 말한다.
회전 포탑처럼 동그랗고 무거운 검은 색의 케이크가
그들 뒤 테이블에 놓여져 있다. 내 아들은,
볼에 넛맥의 점들처럼 주근깨가 났고,
장난감 보트의 발사나무 용골처럼 가슴이 좁으며
태어날 때처럼 차갑고 마른 긴 손을 가지고 있다.
내 아들은 호스트로서 모임을 대표하여 말한다.
우리는 두 살짜리는 쉽게 죽여버릴 수 있어.
그는 아주 또렷한 목소리로 말한다. 다른 남자들도 동의한다.
그들은 장군들처럼 목소리를 가다듬고 진정하며
전쟁놀이를 하기 시작했다. 내 아이의 삶을 축복하면서.

[출전] "Rite of Passage" by Sharon Olds(1942 –)

03

하위내용영역	배점	예상정답률
영문학 B형 서술형 - 영미소설	4점	50%

모범답안· Ashbury thinks his mother may not grasp his message immediately because she is not imaginative but instead "literal". Second, the word "domesticated" best completes the commentary.

한글 번역

　애쉬버리가 여전히 뉴욕에 있는 동안, 그는 자신의 엄마에게 두 개의 공책으로 채워진 우편물을 부쳤다. 물론, 그는 엄마가 한 번에 그 편지를 이해하지 못할 거라는 것을 알고 있었다. 그녀의 문자 그대로의 (상상력이 부족한) 마음은 그것(편지)의 중요성을 발견하는 데 시간이 필요하겠지만, 그는 그녀가 (자신이) 그에게 행했던 모든 것들을 용서했다는 것을 볼 수 있을 거라고 생각했다. 그 문제에 있어서, 그는 오직 그 편지를 통해서 그녀가 그에게 무슨 짓을 했는지 깨닫게 될 거라 생각했다.

　그 편지를 읽는 것이 그녀에게 고통이라면, 그것을 쓰는 것은 때때로 그에게 고통이었다 - 왜냐하면 그녀를 마주하기 위해서, 그는 스스로를 직면해야 했기 때문이다. 그는 이렇게 썼다, "나는 고향의 노예제의 분위기를 탈출하기 위해 여기로 왔다, 자유를 찾기 위해, 나의 상상력을 해방시키기 위해, 그것(상상력)을 매처럼 파악하고 상상력을 넓어지는 나선형으로 소용돌이치도록 하기 위해서 (Yeats), 그리고 나는 무엇을 발견했는가? 그것(상상력)은 날 수 없었다. 그것은 당신이 탈출하기를 거부하면서 길들였던 새였다!" 그 다음 단어들은 두 번씩 교정되었다. "나는 상상력이 없다. 나는 재능이 없다. 나는 창조할 수 없다. 나는 이러한 것들에 대한 욕망만 있을 뿐이다. 왜 너는 그것 또한 죽이지 못했는가? 여자여, 왜 너는 나를 결박했는가?"

[출전] <The Enduring Chill> by Flannery O'Connor(1925 - 1964)

2017학년도

01

하위내용영역	배점	예상정답률
영문학 A형 기입형 - 영국시	2점	50%

모범답안 • despair

한글 번역

무상

오늘 방긋 웃는 꽃은
내일이면 죽으리
우리가 머물렀으면 하고 바라는 모든 것은
유혹한 후엔 달아나리.
이 세상의 기쁨이란 무엇인가?
밤을 비웃는 번갯불은
밝게 빛나는 만큼이나 짧다.

덕이여, 그대는 얼마나 허약한가!
우정, 얼마나 드문가!
사랑은 그 불쌍한 행복을
당당한 절망과 바꾸고 만다!
허나 우린, 그것들 빨리 사라져도
그것들의 기쁨이나, 우리가 우리 것이라
부르는 모든 것보다 오래 사네.

하늘이 푸르고 찬란한 동안
꽃들이 즐거워하는 동안
밤이 오기 전에 바뀌는 눈들이
하루를 즐겁게 하는 동안
아직 조용한 시간이 천천히 가고 있는 동안
그대는 꿈꾸라 그리고 그대 잠으로부터
깨어나 울라.

[출전] "Mutability" by Percy Bysshe Shelley(1792-1822)

02

하위내용영역	배점	예상정답률
영문학 A형 기입형 – 미국소설	4점	50%

모범답안 ▶ The underlined part carries the meaning that the upper-class gentleman goes into the working-class area and takes part in their lifestyle, pretending to be one of them as "simulation," by doing things like drinking and fighting. Second, the appropriate words for the blank are need's sake.

한글 번역

시간이 지나면서 프레드 드러먼드는 더 자주 슬롯을 넘어가서 마켓의 남쪽에 더욱 열중했다.

그의 성정 어딘가에 특이한 속성 또는 기벽이 있었다. 어쩌면 그것은 자신이 자라고 교육받은 환경에 대한, 또는 대대로 학자였던 조상들의 점잖은 핏줄에 대한 반동이었을 수도 있다. 어쨌건 그는 노동자 계급 세계에서 즐거움을 느꼈다. 자신의 세계에서는 '냉장고'인 그였지만, 그 노동 계급의 아래 세계로 내려가면 술도 마시고 담배도 피우는 '덩치' 빌 토츠였다. 모두가 빌을 좋아했고, 몇몇 여공은 그를 사랑했다. 그는 처음에는 훌륭한 배우일 뿐이었지만 시간이 지나면서 흉내내기가 제2의 천성이 되었다. 그는 더 이상 연기를 하지 않았다. 그는 소시지와 베이컨을 좋아했는데, 본래 자신이 속한 세계에서는 가장 싫어하는 식품이었다.

처음에 필요에 의해 시작한 일이 차츰 그 자체를 위한 일이 되었고, 그는 강의실과 금제로 돌아갈 때가 다가오면 안타까움을 느꼈다.

[출전] <South of the Slot> by Jack London(1876－1916)

03

하위내용영역	배점	예상정답률
영문학 A형 서술형 − 미국드라마	4점	55%

모범답안· Vivian feels personal about Donne's poem because it alludes to a final moment of life, and she is near her own final moments due to ovarian cancer. From the context clues in the passage, we can assume Jason Posner is the physician treating Vivian.

한글 번역

(휠체어에 힘이 없는 채로 앉아 있으면서 비비안은 시 하나를 암송하고 독백을 계속한다.)

비비안 :

　　이것은 내 연극의 마지막 장면이다,
　　여기 하늘은 내 여정(순례)의 마지막 길을 약속한다.
　　그리고 무익하지만 빠른 속도로 달려온 내 인생의 레이스는
　　이제 마지막 발걸음을 옮긴다.
　　내 생명의 마지막 순간, 나에게 주어진 시간의 마지막 지점,
　　그리고는 탐욕스러운 죽음이 바로 그 순간에
　　내 육체와 영혼을 분리시킬 것이다.
　　　　　　　　　　　존 던. 1609.

　나는 항상 특히 그 시를 좋아했다. 추상적으로. 지금 나는 "나에게 주어진 시간의 마지막 지점(죽음 직전)"의 말하자면 좀 너무나 신랄한 이미지도 찾았다.

　불평하려는 것은 아니지만 나는 점점 더 아파가고 있다. 아주, 아주 아프다, 이를테면, 극단적으로 아프다.

　내가 해 온 모든 것에 있어서 나는 변함이 없었고 확고했다−누구는 극단적이었다고 말할지도 모른다. 지금, 보다시피 나는 병에 있어서도 독보적이다.

　나는 엄청난 양의 헥사메토포스파실과 빈플라틴을 투여한 여덟 번의 치료에서 살아남았다, 독자분들. 나는 신기록을 세웠다. 나는 일종의 유명 인사가 되었다. 제이슨 포저너는 정말로 기뻐했다. 내 생각으로는 의심의 여지없이 나에 관해 쓴 의학 학술지에 그가 나타나자마자 그가 자기 자신이 유명 인사가 될 것을 예견했던 것 같다.

　그러나 나는 스스로를 위로한다. 그 논문은 나에 관한 것이 아닐 것이다. 그것은 그의 좋은 의도에도 불구하고 현재 암으로 가득한, 나의 난소에 관한 것일 것이다.

　사실, 우리가 '나'라고 생각하게 된 것은 단지 그 시료 병, 단지 그 앨범 자켓, 단지 그 작은 검정 글씨들을 담고 있는 하얀 종이일 뿐이다.

[출전] <Wit> by Margaret Edson(1961−)

2016학년도

📖 본책 p.66

01

하위내용영역	배점	예상정답률
영문학 A형 기입형 – 시	2점	55%

모범답안 · stillness

한글 번역

강물이 얼음으로 변할 때, 나에게 묻는다.
내가 저지른 실수들에 대해. 나에게 묻는다.
내가 한 것이 나의 삶인지.
어떤 이들이 천천히 머릿속에 떠오른다.
그리고, 누군가는 나를 도우려고도, 상처를 주려고도 했다.
나에게 묻는다. 그들의 강한 사랑과 증오가 만들어 낸 차이가 무엇인지.

나는 당신의 말을 들을 것이다.
당신과 나는 돌아서서 바라본다.
고요한 강물을, 그리고 기다린다. 우리는 안다.
강의 물살이 숨겨진 채 있음을, 그리고
수 마일 떨어진 곳에서 오고 가는 것을
우리 앞에서 고요함을 간직한 채로.
강물이 말하는 것, 그것이 곧 내가 말하는 것이다.

[출전] "Ask Me" by William Stafford

02

하위내용영역	배점	예상정답률
영문학 A형 기입형 - 드라마	2점	55%

모범답안 • separating families

한글 번역

헨리에타 : 이건 그런 거야, 마블. 너는 무언가를 원해. 너는 이것을 가질 수 없다고 생각해. 너는 이것이 틀렸다고 생각해. 그래서 너는 네가 이것을 원치 않는다고 생각하려는 거야. 네 마음은 금지된 것을 생각하기를 거절함으로써 널 고통으로부터 지키는 거야. 하지만 이것은 항상 같은 모습으로 있어. 이것은 네 무의식 속에 조용히 머무르고, 끓을 거야.

스티브 : 정신적인 내성발톱 같군.

헨리에타 : 정확해. 그 금지된 충동은 무언가 해야 하는 에너지로 가득 차 있어. 이것은 꿈속에서 가면을 쓴 채로 변장한 모습을 하고 네 의식에 침범해서 모든 문제를 야기할 거야. 극단적인 상황에서는 널 미치게도 하겠지.

마벨 : (무서움의 제스처와 함께) 오!

헨리에타 : (안심시키며) 하지만 정신 분석은 우리를 그것으로부터 구해 낼 방법을 알아냈어. 이것은 모든 문제를 일으키는 억압된 갈망을 의식의 세계로 가져와. 정신 분석은 정신이상을 예방하고 치료하는 가장 최근의 과학적 방법이야.

스티브 : (그의 책상에서) 이것은 또한 가족을 파괴시키는 가장 최근의 과학적인 방법이지.

헨리에타 : (온화하게) 분리되어야만 하는 가족을 말이지.

스티브 : 예를 들어, 드와이트 부부 말이야. 넌 그들을 만났어 마블, 네가 이전에 여기 왔을 때 말이야. 헬렌은 분명히 평화와 행복 안에서 조와 살고 있었어. 흠, 그녀는 이 정신 분석자에게 갔고, 정신적으로 혼란에 빠졌고, 그리고 쾅! 그녀의 남편을 떠나갈 해방된 갈망과 함께 집에 왔지. (그가 T자 모양으로 생긴 자로 칠판에 선을 그리며 일을 시작한다.)

마블 : 정말 끔찍하군! 그래, 나는 헬렌 드와이트를 기억해. 하지만, 하지만 그녀가 그런 갈망을 갖고 있었어?

스티브 : 먼저 그녀는 그것을 알고 있었어.

마블 : 그리고 그녀는 남편을 떠났고?

헨리에타 : (냉담히) 그래, 맞아.

마블 : 그가 그녀에게 상냥하지 않았어?

헨리에타 : 왜, 응 충분히 상냥했지.

마블 : 그가 그녀에게 친절하지 않았어?

헨리에타 : 오, 맞아-그녀에게 친절했지.

마블 : 그리고 그녀는 그녀의 좋고 친절한 남편을 떠나버렸지-!

헨리에타 : 오 마블! "그녀의 좋고 친절한 남편을 떠나버렸지-!" 어쩜 이렇게 바보 같을 수가-친구야 이렇게 말해서 미안해, 하지만 너는 너무 속물적이야! 그녀는 스스로에 대해 깨달은 거야. 그리고 그녀는 용기가 있었던 거야!

마블 : 나는 바보 같을 수도, 속물 같을 수도 있어. 하지만 나는 가정을 파괴하는 새로운 과학의 좋은 점을 전혀 보지 못 하겠어.

(스티브는 박수를 친다.)

[출전] <Suppressed Desire> by Susan Glaspell

03	하위내용영역	배점	예상정답률
	영문학 A형 서술형 – 소설	4점	45%

모범답안 • The underlined describes the extreme discomfort the protagonist felt while buying a blouse for his wife and her characteristically capricious (or negative) reaction to it. Second, the word from the passage that best describes his emotional state is "resentment".

해설 • 첫 번째 문제. 밑줄 친 부분의 의미, 즉 주인공 Little Chandler(실제 본명은 아니고 덩치가 작아서 붙여진 별명-시험 지문엔 안 나와 있지만 작품 맨 앞에 설명되어 있음)가 부인(Annie)에게 선물로 준 옷을 둘러싸고 발생한 극심한 정신적 고통이 어떤 것이었는지 설명해야 하는 문제다. 지문에선 챈들러의 고통을 두 가지 측면에서 묘사하고 있다. 첫째, 옷을 사러 갔던 가게에서의 당혹감. 둘째, 집에서 그 옷에 대한 부인의 변덕스러운 태도에서 오는 당혹감이다. 이 둘 중 하나만 답을 했으면 감점.

두 번째 문제. 주인공이 자기 집안에서 느끼는 감정 상태를 가장 잘 나타내는 한 단어를 찾아 쓰라는 문제다. 여기서 주의할 것은 "자기 집안에서"이다. 자기 집안에서 주인공은 부인의 사진을 본다. 동시에 과거의 여러 가지 일들을 회상하면서, 점점 주인공은 자신의 삶에 대해 막연한 "원망(노여움)"을 느끼며 현재의 자신의 삶에서 벗어나길 갈망한다. 따라서 답은 "resentment"가 된다.

한글 번역

하얀 도자기 갓이 달린 작은 램프가 탁자 위에 놓여 있고, 그 빛은 뒤틀린 뿔테로 둘러싸인 사진 위로 떨어졌다. 애니의 사진이었다. 리틀 챈들러는 가늘고 꽉 다문 그녀의 입술을 멈춰서 바라보았다. 그녀는 어느 토요일 그가 선물로 사다준 연한 파란색 여름 블라우스를 입고 있었다. 10실링 11페니나 준 것이었다. 하지만 그 옷이 그에게 얼마나 많은 불안의 고통을 겪게 했는가! 그날 그가 얼마나 시달렸던가. 가게가 텅 빌 때까지 가게 문 앞에서 기다리고, 카운터에 서서 여자 직원이 자기 앞에서 여성용 블라우스를 쌓아 놓는 동안 편안하게 보이려고 애쓰고, 계산대에서 돈을 지불하고 거스름돈 몇 페니 받는 것을 잊어 점원에게 불려가고, 마지막으로 가게를 떠날 때에는 붉어진 얼굴을 감추려고 포장이 단단히 묶였나 들여다보면서 말이다. 그가 블라우스를 들고 귀가하자 애니는 그에게 입을 맞추며 아주 예쁘고 멋지다고 말했다. 하지만 가격을 듣자 그녀는 블라우스를 탁자 위로 내던지고는 이런 옷을 10실링 11페니나 받다니 완전히 사기라고 했다. 처음에 그녀는 무르려고 했지만 그것을 입어 보고는 특히 소매 모양새가 마음에 든다며 기뻐했다. 그리고 그에게 입을 맞추며 자신을 생각해 줘서 정말 고맙다고 했다.

흠!..

그가 사진의 두 눈을 차갑게 들여다보자 그 두 눈도 차갑게 답했다. 분명 두 눈은 예뻤고, 얼굴 자체도 예뻤다. 하지만 뭔가 못된 구석이 있었다. 왜 저렇게 의식하지 않는 척, 숙녀인 척을 하는 거지? 두 눈의 평정심이 그를 짜증나게 했다. 그 눈은 그로 하여금 혐오감을 느끼게 하고 거부하게 만들었다. 그 안에는 아무런 열정도 환희도 없었다. 그는 갤러허가 돈 많은 유대인 여자에 대해 했던 말을 생각했다. 그는 생각했다. 동양적인 그 검은 눈동자, 그것은 얼마나 열정으로, 육감적인 열망으로 가득 차 있을까! 왜 그는 사진 속의 두 눈과 결혼했던가?

그 질문에 사로잡혀 그는 초조하게 방을 둘러보았다. 자신이 할부로 집에 들여놓은 그 예쁜 가구에도 천한 데가 있었다. 그것은 애니가 직접 고른 가구였고 그에게 애니를 연상시켰다. 너무 깔끔하고 예뻤다. 자기 삶에 대한 막연한 분노가 그의 내면에서 솟아올랐다. 그가 이 작은 집에서 도망칠 수는 없을까? 갤러허처럼 용감하게 살아보려 하기에는 너무 늦은 걸까? 런던으로 갈 수 있을까? 가구 값 할부금이 아직 남아 있었다. 책을 한 권 써서 출판할 수만 있다면, 길이 열릴지도 모르겠는데.

[출전] "A Little Cloud" from <Dubliners> by James Joyce

2015학년도

📖 본책 p.71

01

하위내용영역	배점	예상정답률
영문학 A형 기입형 - 시	2점	40%

모범답안• rest

해설 ● Thomas Hardy의 "I Look into My Glass"에서 출제되었다. 일반적으로 시에 대한 내용 이해를 물어보는 유형은 어렵지 않다. 하지만 이번 시와 같이 시 자체에 대한 이해가 만만치 않은 경우 난이도가 상승하는 경향이 있다. 이번에 출제된 하디의 시는 내용 자체가 어려워서 많은 수험생이 "pass" 또는 "equanimity" 등의 오답을 썼다.

Tip 다양한 시를 접함으로써 시 자체에 대한 이해력을 향상시키는 것이 필요하며, 시에 자주 등장하는 단어들을 정리하자.

한글 번역

거울을 들여다보며

거울을 들여다보며
내 여윈 살갗이 눈에 들어오네.
그래서 하는 말이 "원하건대
내 마음도 이처럼 여위었으면"

그러면 내게 매정해져 간 사람들
때문에 마음 아파하지 않고,
홀로 나의 영원한 휴식을
담담히 기다릴 수 있으련만.

허나 세월은 날 슬프게 하려는 듯
일부는 훔쳐가고 일부는 남겨두어
이 저녁 연약한 이 몸을
한낮의 맥박으로 요동치게 하네.

[출전] "I Look into My Glass" by Thomas Hardy

02

하위내용영역	배점	예상정답률
영문학 A형 기입형 – 소설	2점	55%

모범답안 influence

해설 19세기 미국의 낭만주의 시대를 대표하는 작가 중 한명인 Nathaniel Hawthorne의 단편 "David Swan"에서 출제되었다. 다른 문제에 비해서 상대적으로 쉽게 느껴지는 지문과 문제였다.

한글 번역

데이빗 스완이 스무 살 때 삼촌이 운영하는 슈퍼마켓에 일하러 보스턴으로 떠나는 길에 발견하기 전까지 우리는 그에 대해 아는 것이 없다. 여름날 아침 일찍부터 정오 때까지 걷자 피곤함과 강해지는 더위 때문에 데이빗은 처음 발견하게 된 편안한 그늘에서 쉬며 승합 마차를 기다릴 수밖에 없었다. 누가 일부러 심기라도 한 듯, 얼마 지나지 않아 옆에 산뜻하게 흐르는 샘터가 있고 마음에 드는 빈터가 중앙에 있는 작은 단풍나무들이 나타났다. 그는 목마른 입술로 그것에 키스하고 나서 셔츠에 머리를 베고 그 옆으로 몸을 던졌다. 샘터는 그의 옆에서 졸린 듯이 속삭였고 데이빗은 깊은 잠에 빠졌다.

그가 그늘에서 깊이 잠들어 있는 동안 완전히 깨어 있는 다른 사람들은 그가 자는 곳 옆의 화창한 길을 따라 여기저기를 지나갔다. 어떤 이들은 양 옆을 보지도 않고 지나가 그가 있는지도 몰랐다. 또 어떤 이들은 그가 깊이 잠들어 있는 것을 보고 웃으며 지나갔다. 그리고 경멸에 가득 찬 몇몇은 데이빗을 크게 비난했다. 얼마 지나지 않아, 상속자가 없는 한 부유한 상인이 그의 재산을 나눠주려고 깨우려 했으나 그냥 가버렸다. 한 아름다운 여인이 그의 곤히 잠자는 모습에 잠깐 마음이 움직여 그와의 사랑을 생각했으나 계속해서 그녀의 길을 갔다. 두 명의 어둡고 위험한 강도들이 지갑을 훔치려고 그를 죽이려 했으나 그럴 시간이 없다고 결정했다. 그러나 못마땅함, 칭찬, 놀람, 경멸, 그리고 무관심은 모두 같은 것이거나 오히려 아무것도 아니었으며 잠자는 데이빗에게 어떤 영향도 주지 않았다.

그는 계속해서 잤지만 처음처럼 곤히 잘 수 없었다. 시끄러운 바퀴 소리가 데이빗의 휴식의 졸린 안개 속으로 급히 들어오며, 길을 따라 점점 더 크게 들리면서 그는 뒤척이기 시작했다. 승합 마차가 온 것이다. 그는 그에 관한 모든 생각을 하며 일어났다. 그는 부, 사랑, 죽음의 가능성이 방금까지 그의 옆에 있었다는 것을 몰랐다. 이 모든 것이 그가 누워 잔 짧은 한 시간 안에 일어난 일이었다.

자나깨나 우리는 거의 일어날 뻔한 낯선 일들의 부드러운 발자국 소리를 거의 듣지 못한다. 이것은 볼 수 없고 예상치 못한 사건들이 계속해서 우리의 길에 던져지는 동안, 우리에게 주어진 최소한의 기회의 일부를 예견할 수 있도록 영원하지 않은 삶에 충분한 규칙성이 있어야 한다는 우리를 감독하는 신의 섭리가 있다는 것을 입증하는 것이 아닌가?

[출전] "David Swan" by Nathniel Hawthorne

03

하위내용영역	배점	예상정답률
영문학 A형 기입형 – 드라마	2점	45%

모범답안 • make contact

해설 • 20세기 중반 이후 미국의 가장 위대한 부조리극 작가로 평가받는 Edward Albee의 대표작 중 하나인 <The Zoo Story>에서 출제되었다. 다른 많은 부조리극 작품과 마찬가지로 이 작품에서 다루고 있는 중요한 주제는 인간과 인간 사이의 소통(communication)의 어려움이다. 어느 여름의 일요일 오후, 뉴욕에 있는 센트럴 공원의 벤치를 무대로 하여 출판사 간부 사원인 Peter와 가난하고 소외된 사람인 Jerry 사이에 일어난 사건을 중심으로 인간이 타인과 소통을 구하려면 결국은 폭력과 싸움으로 끝난다는 것을 내용으로 하고 있다. 지문에 실린 부분에서 가장 중요한 핵심어는 communicate과 동의어인 make contact with가 된다. 인간과 인간 사이의 소통이 힘듦으로 해서 그 이전에 동물과 소통을 해야 하는 Jerry의 소외된 삶이 잘 드러나는 부분이다.

한글 번역

[피터가 냉소적으로 반응한다.]
제리 : 그렇지, 피터, 친구. 이것이 유일한 표현이야. 나의 개 친구를 다시 만나는 걸 심장이 깨질 정도와 기타 등등의 감정으로 바랐어. 나는 문을 열고 들어와 두려움 없이 현관 안의 홀 한가운데에 진출했지. 그놈의 짐승이 나를 보면서---거기에 있었어. 그런데 그놈은 찰과상을 입었는데도 괜찮다는 식으로 제법 건강하게 보이더군. 나는 멈추었어, 놈을 보았지, 그 놈도 날 보았어. 내 생각엔 우리 한동안 움직이지 않고 돌로 만든 조각상처럼...그저 서로 보기만하고 있었지. 놈이 내 얼굴을 보는 것 이상으로 난 놈의 얼굴을 들여다보았지. 개가 나를 보는 데 정신을 집중할 수 있는 것 이상으로 나도 개를 들여다보는 데 정신을 집중시켰단 말이야. 하지만 서로 얼굴을 들여다보고 있던 20초 또는 두 시간 동안 우리는 마침내 진정으로 소통할 수가 있었어. 자, 난 다음과 같은 일이 생기기를 원했어. 난 지금 개를 사랑해 그래서 개도 나를 사랑해주기를 원했단 말이야. 난 사랑하려고 했고 그래서 죽이려고 했단 말이야. 물론 둘 다(사랑하는 것과 죽이는 것) 성공하진 못했지만. 희망하고...그런데 정말 모르겠어. 내 동기는 말할 것도 없고, 왜 그 개가 날 이해해주길 원했는지 말이야. 그 개가 이해하기를 원했단 말이야. (피터는 최면술에 걸린 것처럼 보인다.) 그건 단지...그건 단지...(제리가 비정상적으로 긴장하며) ...바로 그거지 사람들하고 어울릴 수 없으면 어디서든 우선 어울릴 수 있는 시발점을 찾아야 하는 거야. 동물하고라도! (더욱 말이 빨라진다, 마치 음모를 꾸미는 사람처럼) 모르겠어? 사람은 뭐든지 어울릴 수단을 가져야 한단 말이야. 사람들하고 어울릴 수 없다면...그 무엇과 말이야... 개와. 이것은 완벽하게 이해 가능한 일이지. 개는 인간의 제일 친한 벗인 걸 잊지 마. 그래서 개와 나는 서로 마주보았지. 내가 개보다는 더 오랫동안 들여다봤어. 그런데 그때 내가 본 인상이 줄곧 변함이 없단 말이야. 개와 나는 타협했어, 사실 흥정이라고 하는 것이 좋을 듯해. 우리는 서로가 상대방에게 도달하고자 애를 쓰지 않기 때문에 사랑도 안 하고 서로 해를 끼치는 일도 없었어. 그런데 개에게 먹이를 주려 한 것이 사랑의 행위가 아니었을까? 글쎄 나를 물려고 한 개의 행동이 사랑의 행위가 아니었다고 할 수 있을까? 우리가 이처럼 오해를 하고 있다면 어째서 우리는 애시당초 사랑이라는 말을 발명했는가 말이야?
(침묵이 흐른다. 제리는 피터의 자리로 와서 옆에 앉는다. 극의 진행 중 제리가 앉는 것은 이번이 처음이다.)
제리와 개의 이야기 끝
(피터는 말이 없다.)

[출전] <The Zoo Story> by Edward Albee(1928-2016)

04

하위내용영역	배점	예상정답률
영문학 A형 서술형 – 소설	5점	40%

모범답안 In the underlined words, the narrator suggests the uncertainty and lack of direction of a human being in front of greater forces like mortality and the process of history. For example, first, the protagonist is wandering(walking through) "the streets" aimlessly just as a lifeless fallen leaf is blown in the streets without a definite end. Second, hearing the ghostly "voices," he realizes "the limitation of life" as "unsure" as a blown leaf's future.

해설 20세기 초반의 미국 작가 Sherwood Anderson의 대표작인 <Winesburg, Ohio>에서 출제되었다. Metaphor의 의미를 물어보고 그것의 예를 쓰라는 전형적인 임용고시 유형의 문제라 할 수 있다. 주어진 "a leaf blown by the wind"는 세상이라는 거대한 힘(wind)에 의해 방향을 잃고 불확실성 속에서 방황하는 한 인간(a leaf)을 의미한다. 바람에 날려 정처없이 휘날리다 길가에서 뒹구는 나뭇잎과 같은 존재가 10대 후반의 주인공이다. 이것을 뒷받침하는 예들이 (A)에 있는, 정처없이 마을을 떠도는 주인공의 모습이 첫 번째고, 과거의 유령들의 목소리를 들으며 삶의 한계에 대한 깨달음에서 나오는 자신의 삶에 대해 확신하지 못하는 모습이 두 번째다. 많은 수험생들이 정답을 정확히 서술하지 못했던 난이도 높았던 문제였다.

Tip Figurative Language에 대한 이해를 바탕으로 그것의 의미를 써보는 연습을 많이 하는 것이 중요하다. 작년엔 이와 유사한 유형이 시에서 출제됐었다. 즉, 앞으로 어떤 장르에서 나올지는 알 수 없지만 요행에 기대지 않고 기본에 충실하게 차곡차곡 실력을 기르는 것이 중요하다.

한글 번역

(A) 모든 소년의 인생에는 그가 처음으로 인생을 되돌아보게 되는 때가 있다. 아마 그건 그가 경계를 지나 어른이 되는 그런 때일 것이다. 조지는 자기 읍내의 거리를 정처 없이 걷고 있다. 그는 미래를, 자신이 세상에서 이루게 될 모습을 생각하고 있다. 야망과 회한이 그의 속에서 깨어난다. 갑자기 무슨 일이 일어나서 그는 나무 아래 멈춰서 그의 이름을 부르는 목소리를 기다린다. 옛날 것들의 유령들이 그의 의식 속으로 기어들어 온다. 그의 밖에 있는 목소리들이 인생의 한계에 관한 메시지를 속삭이는데, (바로 이전까지는) 자기 자신과 자신의 미래에 대해 무척 확신했지만, 이제 그는 (그것들을) 전혀 확신할 수 없게 된다.

(B) 만약 그가 상상이 풍부한 소년이라면 문이 부서지며 열릴 것이고 처음으로 그는 밖으로 세상을 본다. 마치 그의 이전 시대에 무에서 세상으로 들어와 자신들의 삶을 살고 다시 무로 사라져 들어가 버린 셀 수 없이 많은 사람들이 행진이라도 하는 것처럼 그의 앞에 있는 것을 보면서. 성숙의 슬픔이 소년에게 왔다. 그는 놀라서 숨을 급히 몰아쉬며 자기가 마을 거리를 통과해 불어오는 바람에 날리는 나뭇잎에 불과하다고 생각한다. 그는 친구들의 모든 자신만만한 얘기에도 불구하고 자신이 불확실성 속에 살다가 죽어야만 한다는 것을, 그리고 자신이 바람에 날리는 존재이고, 태양 아래 시드는 옥수수처럼 운명지어진 존재라는 것을 안다. 그는 몸을 떨고 주위를 열심히 둘러본다. 그가 살아온 18년은 그저 한순간으로, 인류의 긴 행진에서 그저 잠깐 숨 돌리는 시간에 불과한 것으로 보인다. 벌써 그는 죽음이 부르는 소리를 듣는다. 온 마음을 다해서 그는 다른 어떤 사람에게 다가가고 싶고 손으로 누군가를 만지고 싶고 다른 사람의 손이 그를 만지기를 원한다. 만약 그 다른 사람이 여자면 좋겠다고 생각한다면 그건 그가 여자는 부드러울 것이고, 이해할 것이라고 믿기 때문이다. 그는 무엇보다도 누가 자신을 이해해 주기를 바란다.

[출전] <Winesburg, Ohio> by Sherwood Anderson(1876－1941)

2014학년도

📖 본책 p.78

01

하위내용영역	배점	예상정답률
영문학 A형 기입형 - 영미수필	2점	50%

모범답안• dreams

한글 번역

　나는 삶의 실험을 통해 적어도 다음과 같은 것을 배웠다. 즉, 사람이 자기 꿈을 향해 자신 있게 나아가서 꿈꾸었던 삶을 살아가려고 노력한다면 보통 때는 생각 못했던 성공을 맞게 되리라는 사실을 말이다. 그는 과거를 뒤에 남겨두고 보이지 않는 경계선을 넘을 것이다. 새롭고 보편적이며 보다 자유로운 법칙들이 그의 주변과 내면에 자리 잡기 시작할 것이다. 아니면 해묵은 법칙들이 확대되고 더욱 자유로운 의미에서 그에게 유리하게 해석되어 존재보다 높은 질서를 허용 받으며 살아갈 것이다. 그가 자신의 삶을 소박하게 하는 것에 비례해서 우주의 법칙은 덜 복잡하게 되고 고독은 고독이 아니며 가난도 가난이 아니고 연약함도 연약함이 아닐 것이다. 만일 당신이 공중누각을 세웠더라도, 그것은 헛된 일이 아니다. 그것은 있어야 할 곳에 있어야 하니까(누각은 원래 공중에 있어야 하니까). 이제 그 밑에 토대만 쌓으면 된다.

[출전] <Walden> by Henry David Thoreau(1817-1862)

02

하위내용영역	배점	예상정답률
영문학 A형 기입형 - 드라마	2점	60%

모범답안• desolate

한글 번역

　"며칠 동안 나는 이러한 일들이 발생한 장소를 찾아다녔다. 때로는 당신을 보려고 소원했고, 때로는 세상과 그 고통들을 영원히 그만두려고 결심하기도 했다. 마침내 나는 이러한 산들을 향해 배회했고, 너 혼자서 만족할 만한 뜨거운 열정에 사로잡힌 채로 그 산들의 거대한 후미진 곳들을 헤매었다. 우리는 당신이 나의 요구 조건에 따를 것이라고 약속할 때까지 떨어지지 않을 것이다; 하지만 나 자신처럼 기형적이고 끔찍한 존재는 내게 스스로를 부정하지 않을 것이다. 나의 동료는 똑같은 개체여야 하고, 같은 결함을 가지고 있어야 한다. 이 존재는 당신이 반드시 만들어내야 한다."

　이 존재가 말하기를 그쳤고, 그는 응답을 기대한 채 시선을 내게 고정했다. 그러나 나는 당황했고, 당혹스러웠고, 그의 제의를 완벽히 이해하기 위해 나의 생각을 충분히 정리하지 못했다. 그는 이야기를 이어나갔다 - "나의 창조자인 당신은 나의 존재를 위해 필요한 공감들을 상호 교환하면서 나와 같이 살아갈 수 있는 여성을 만들어야 한다, 이것은 당신만이 할 수 있는 것이다; 그리고 나는 당신이 인정하기를 거부할 수 없는 권리를 가지고 당신에게 이를 요구한다."

　그의 이야기의 그 마지막 파트는 (소작인들 사이에서 그의 평화로운 삶을 말하는 동안 내 속에서 서서히 사라졌던) 분노를 다시 불붙이기 시작했고, 그가 이렇게 말했을 때, 나는 더 이상 내 안의 불붙은 분노를 가라앉힐 수 없었다.

　"나는 거절한다," 나는 대답했다; "그리고 어떠한 고문도 내게 합의를 강요할 수 없다. 너는 나를 가장 비참한 인간으로 만들었지만, 너는 절대 내가 스스로 눈을 찌르게 하지 못할 것이다. 나보고 너와 같은, 둘이 합세한 사악함이 세상을 황폐화시킬 또 다른 것을 만들어 달라고? 꺼져버려! 나는 너에게 이미 대답했다; 너가 나를 고문해도 좋다, 하지만 나는 결코 동의할 수 없다."

[출전] <Frankenstein> by Mary Shelley(1797-1851)

	하위내용영역	배점	예상정답률
03	영문학 B형 서술형 – 영미시	5점	35%

모범답안▸ The theme of the poem is maintaining morale and hope despite many difficulties and hardship in the course of achieving a goal. To illustrate the theme, the speaker employs a central metaphor of "the main," which represents the great goal (success) achieved by overcoming all the difficulties and adversity. (The speaker conjures the image of "the main," which is the sea raising up with the tide after being fed by "creeks and inlets." While the waves appear to crash again and again in the same spot, there is a greater force feeding and steadily raising it.)

한글 번역

투쟁해봐야 헛일이라고 말하지 마라

투쟁해봐야 헛일이라고 말하지 마라.
노력과 상처는 헛되고
적은 기운이 빠지거나 약해지지도 않으며
조금도 달라진 것이 없다고 말하지 마라.

희망이 바보라면 공포는 거짓말쟁이일지도 몰라.
아마 저 연막 뒤에서
그대의 전우들은 지금도 패주자들을 추격할지도 몰라.
그리고 그대가 없이도 승리할지도 모르지.

지친 파도가, 헛되이 부서지면서 애쓸지라도
이곳에서는 한 치의 땅도 점령하지 못하는 듯하지만,
저 내륙에서는, 시내와 후미로 전진하면서
대양이 조용히 밀려들어 오고 있네.

햇살이 들어올 때
빛은 동창으로만 들어오지는 않으니.
앞쪽에선 태양이 천천히 솟아오르지만(얼마나 느린가!)
허나, 보라, 서쪽의 대지가 빛나고 있지 않은가!

[출전] "Say Not the Struggle Naught Availeth"(1850) by Arthur Hugh Clough

2013학년도 1차

📖 본책 p.84

01 정답 ③

나는 보았네, 그녀가 압화처럼
가녀린 자신의 거미줄을 투명한 햇빛 속에 고정하는 것을.
덤불에서 작은 곤충 몇 마리가
꽃씨방을 여는 듯 찌륵거렸네. 나는 그중 몇은
그녀에 의해 포박되고, 다음날 아침이면
사라질 것을 알고 있었지.
거미줄을 치는 그녀는 너무 아름다웠어
태양이 만든 마리골드 위
더 많은 살구, 더 많은 호박색; 천궁의 항해에서
길을 잃은 모든 벌은 다시 꽃꿀로 가는 길을 찾아가
마치 꽃위의 보석처럼 수놓아지네.

[출전] "Orb Spider" by Judith Beveridge

02 정답 ③

　그 집은 아무도 없이 방치되었다... 응접실에 제비들이 둥지를 만들었다. 마룻바닥에는 지푸라기가 천지였다. 떨어진 회벽은 삽으로 퍼낼 정도였다. 석가래가 맨몸을 드러내 보였다. 쥐들이 이것저것 물고 들어가 징두리 벽판 뒤에서 갉아먹었다...
　무슨 힘이 자연의 생식력과 무감각함을 억제할 수 있을 것인가? 귀부인과 어린애와 우유 스프를 보는 맥냅 부인의 백일몽이 그것을 억제할 수 있을까? 그것은 한 점의 햇볕처럼 벽에서 아른거리다가 사라졌다. 그녀는 문을 잠그고 가버렸다. 한 여자로서는 힘겹다고 그녀는 말했었다. 그들은 한 번도 사람을 보내지 않았다. 편지도 쓰지 않았다. 저기 서랍 속에서 물건들이 썩고 있다. 그렇게 방치하는 건 창피한 일이라 그녀는 말했었다. 별장 전체가 폐허가 되었다. 다만 등대의 불빛만이 잠시 방안으로 들어와 겨울의 어둠 속에서 느닷없이 침대와 벽을 응시하다가 엉겅퀴, 제비, 쥐 그리고 지푸라기 따위를 관대한 눈초리로 바라볼 뿐이다. 이젠 아무것도 그것들에게 저항하지 못하고, 아무것도 그것들을 거절 못한다. 바람은 불게하고, 양귀비는 스스로 씨앗을 뿌리고, 카네이션을 양배추와 교배하도록 하라. 제비는 응접실 속에 둥지를 짓고 엉겅퀴가 타일을 밀고 나오고, 안락의자의 퇴색한 친쯔(면직물)위에서 나비로 하여금 햇볕을 쬐게 하라. 깨진 유리 조각이나 도자기 조각으로 정원의 잔디밭에 구르게 하여 풀과 야생 딸기와 섞이게 하라.

[출전] <To the Lighthouse> by Virginia Woolf

03 정답 ④

한글 번역

한 시골 여성(라이트 부인)은 고립된 농가에서 남편을 살해한 혐의를 받고 있다. 카운티 검사, 보안관, 그리고 한 이웃이 증거 수집을 시도하며 범죄 현장으로 들어간다. 헤일 부인과 피터스 부인은 라이트 부인을 위해 그녀의 소지품을 모으려고 그들과 동행한다. 사건이 진행되는 과정에서 두 여자는 남자들이 찾고 있지만 찾지는 못하고 있는 증거(죽은 새)를 우연히 찾아낸다.

헤일 부인 : 라이트 부인은 새를 좋아했어요. 부인은 저 죽은 새를 저 예쁜 상자에 묻으려 했던 거예요.

피터즈 부인 : (속삭이듯) 제가 어렸을 때... 제겐 고양이가 한 마리 있었어요... 어느 남자애가 손도끼를 가져왔지요, 그리고는 내가 보는 앞에서... 내가 채 다가가서 막기도 전에... (잠시 두 손에 얼굴을 파묻는다.) 날 말리지만 않았어도 난... (말하려다 멈추고 발자국 소리가 들리는 위층을 올려다보고는 약하게 더듬거린다.) 그 자식을 가만두지 않았을 거예요.

헤일 부인 : (주위를 찬찬히 바라보면서) 주위에 애가 없다는 것이 어떤 건지 모르겠어요. (잠시 멈춘다.) 그래요, 라이트 씨는 새를 좋아할 리가 없어요... 그 새가 노래하는 것을 좋아하지 않았던 거예요. 아내는 노래를 좋아했겠지요. 그는 그녀의 노래까지 죽여버렸던 거예요.

피터즈 부인 : (불안하게 움직이면서) 누가 그 새를 죽였는지는 모르잖아요.

헤일 부인 : 난 존 라이트를 잘 알아요.

피터즈 부인 : 그날 밤 정말 끔찍한 일이 이 집에서 일어났던 거예요, 헤일 부인. 자고 있는 남자의 목에 밧줄을 감아 숨통을 조여 죽였던 거예요.

헤일 부인 : 남편의 목을. 그래요, 졸라 죽인 거지요. (그녀는 손을 뻗어 새장 위에 얹는다.)

피터즈 부인 : (언성이 높아지며) 우린 누가 그를 죽였는지 몰라요. 우린 모른다구요.

헤일 부인 : (감정을 지속하면서) 몇 년 동안이고 아무 일도 없다가, 당신을 위해 노래하는 새 한 마리가 생겼는데... 그 새가 죽어버린다면 정말 끔찍하리만큼 적막할 거예요.

피터즈 부인 : (말속에 뼈가 있는 듯) 적막이 어떤 건지 알아요. 우리는 다코타주에서 정부 공여 농지에서 농사지으며 살았지요. 그때 우리 첫 아기가 죽었어요... 두 살 때였지요, 그때 제겐 아무도 없었어요... 아무도...

헤일 부인 : (움직이며) 저 사람들 증거를 찾는 일이 언제 끝날 것 같아요?

피터즈 부인 : 난 적막이 어떤 건지 알아요. (감정을 가다듬으면서) 법은 범죄를 처벌해야 합니다, 헤일 부인.

헤일 부인 : (그 말에 대답하는 것 같지 않은 듯) 부인께서 미니에 포스터를 보았더라면 얼마나 좋았을까요. 파란 리본이 달린 하얀 드레스를 입고 성가대와 함께 무대에 서서 노래를 부르던 미니에 포스터를 말이에요. (방안을 둘러본다.) 아, 가끔씩 이곳을 들려보았어야 했는데! 전 죄를 지었어요! 전 죄를 지었다구요! 그 죄를 누가 벌한단 말인가요?

피터즈 부인 : (위층을 올려다보며) 우리가 책임을 지고 애태워야 할 일은 아니에요.

[출전] <Trifles> by Susan Glaspell

04 정답 ● ①

한글 번역

이보다 아름다운 것이 세상에 또 있을까.
이렇듯 가슴 뿌듯이 밀려오는 장엄한 광경을
그대로 지나친다면 그것은 무딘 마음이리.
이 도시는 지금 아침의 아름다움을
의상처럼 걸쳤구나. 말없이 벌거벗은 채,
배도, 탑도, 둥근 지붕도, 극장도, 사원도
모두 탁 트인 들판과 하늘에 놓여있고
온통 연기 없는 대기 속에 눈부시게 번쩍이는구나.
태양도 이보다 더 아름답게 아침의 광채 속에서
골짜기와 바위와 언덕을 적신 적이 없으리.
내 이처럼 깊은 고요를 보지도 듣지도 못했으니
강은 유유히 제 뜻대로 편안히 흐르고
아! 집들마저 잠든 듯
거대한 런던의 심장도 소리 없이 누웠구나.

[출전] <Composed Upon Westminster Bridge> by William Wordsworth

2013학년도 2차

본책 p.90

하위내용영역	배점	예상정답률
영문학 2차 논술형 - 영미시	20점	40%

모범답안 · In the first stanza, when the speaker encounters a venomous snake, he simply states, "[a] snake came." As if it is a matter of fact that this potentially deadly animal often comes and goes and visits his water-trough like a guest, the speaker says that a snake "came" "[to] drink there." In the following stanza, when the speaker says he "must wait, must stand and wait, for there he was at the trough before me," he clearly considers the snake as a special guest. Also immediately in the next three stanzas, the speaker refers to the snake as "he" and "someone." Utilizing personification, the speaker suggests that this visitor is not a fearsome creature but an "honoured" guest who has come for a drink.

The speaker, however, experiences an internal conflict between the spontaneous self and the civilized self. He feels reluctant to accept this snake as a guest, because what he has been taught through "education" speaks to him in a "voice" that the venomous snake "must be killed."

In the underlined part, alliteration, which is the repetition of the same sounds at the beginning of words, is used. By repeating the sound "e" and "b," the poet creates the appropriate atmosphere as well as emphasizes the day's sweltering weather. Similarly, the poet use the same literary device in "strange-scented shade" (4) to mimic the sound of the snake.

한글 번역

뱀

뱀 한 마리가 내 물통으로 왔다
덥고 더운 날에, 나도 더위 때문에 파자마 차림으로 갔다,
거기에 물을 마시러.

크고 잎이 무성한 캐롭나무의 짙은, 이상한 향기가 나는 그늘 아래로
나는 주전자를 들고 층계를 내려왔다
그리고 기다리고, 서서 기다려야 했다, 왜냐하면 거기에 그가 나보다 먼저 물통에 있었기에.

그는 어둠 속에 있는 흙담의 갈라진 틈에서 아래로 내려와
부드러운 배 지닌 황갈색 늘어진 몸을 아래로 끌고 내려와, 돌물통 가장자리 위에 걸치고
그의 목을 돌 밑바닥 위에 쉬게 했다,
그리고 물이 꼭지에서 떨어져, 작고 맑은 곳에서,
그는 곧은 입으로 홀짝거렸다,
부드럽게 곧은 잇몸을 통해 마셨다, 그의 늘어진 긴 몸 속으로,
조용히.

누군가가 나보다 먼저 내 물통에 있었다
그래서 나는, 뒤에 온 사람처럼, 기다렸다.

그는 마시다가 머리를 쳐들었다, 소들처럼,
그리곤 나를 막연히 바라보았다, 물을 마시는 소들처럼,
그리곤 두 개로 갈라진 혀를 입술에서 날름거리며, 잠시 생각에 잠겼다,
그리곤 몸을 구부려 좀 더 마셨다,
지구의 불타는 창자에서 나온 흙-갈색, 흙-금색 뱀이었다
시실리의 7월의 날에, 에트나산은 연기를 뿜고 있었다.

교육을 받은 내 목소리는 내게 말했다
죽여야 한다고,
왜냐하면 시실리에선 검은, 검은색 뱀들은 무해하지만, 황금색 뱀은 해롭기에.

그리고 내 내면의 목소리들은 말했다, 만일 네가 남자라면
막대기를 집어 들어 지금 그를 때려야 한다고, 그를 죽여야 한다고.

그러나 고백해야 하나 그가 손님처럼 조용히 와서 내 물통에서 마시고,
평화로이, 만족스러이, 그리고 감사도 없이,
이 지구의 불타는 창자 속으로 떠나기에
얼마나 내가 그를 좋아했는지, 얼마나 내가 기뻤는지를?

비겁 때문이었나, 내가 그를 감히 죽이지 못한 것은?
괴팍함 때문이었나, 내가 그에게 말하고 싶어한 것은?
비굴 때문이었나, 그리도 영광스럽게 느낀 것은?
나는 지극히 영광스럽게 느꼈다.

그러나 그 목소리들:
네가 두려워 않는다면, 너는 그를 죽일 텐데!

진정 나는 두려웠다, 나는 매우 두려웠다,
그러나 그래도 더욱 더 영광스러웠다
그가 은밀한 지구의 컴컴한 문 밖으로 나와
내 환대를 찾은 것은.

[출전] "Snake" by D. H. Lawrence

2012학년도 1차

본책 p.93

01 정답 ④

한글 번역

　매일 아침 나는 길 쪽의 응접실 마루에 누워 그녀의 집 문을 살폈다. 차일이 창틀에서 1인치 정도 남겨 놓고 내려져 있어서 내가 보일 리는 없었다. 수업시간에 내가 읽으려 애쓰는 책과 나 자신 사이에서 그녀의 모습이 떠오르곤 했다. 그렇지만 그녀의 이름은 나의 모든 어리석은 피를 한 군데로 솟구쳐 쏠리게 만드는 소환장 같은 것이었다. 나는 무심결에 주고받은 몇 마디 말고는 그녀에게 말을 걸어본 적이 없었다. 그렇지만 그녀의 이름은 나의 모든 어리석은 피를 한군데로 솟구쳐 쏠리게 만드는 것이었다.

　토요일 저녁 아줌마가 장 보러 갈 때는 내가 따라가서 꾸러미를 몇 개 날라줘야 했다. 술 취한 사내와 물건을 사라는 여인네들에게 떠밀리며, 우리는 그 번지르한 거리를 지나갔다. 이러한 소음들이 내게는 삶에 대한 하나의 느낌으로 한데 모아졌다. 나는 내가 적의 무리 사이로 나의 성배를 안전히 모셔가고 있다고 상상했다. 그녀의 이름이 순간순간 나 자신도 이해 못할 낯선 기도와 예찬이 되어 내 입술로 솟아났다. 내 눈엔 종종 눈물이 가득 고였고, 때로로 홍수가 내 심장으로부터 가슴으로 쏟아부어지는 것 같았다. 나는 앞으로의 일을 거의 생각하지 않았다. 나는 내가 그녀에게 도대체 말을 걸기는 걸 것인지 아닌지, 혹은 그녀에게 말을 건다 해도 어떻게 그녀에게 나의 혼란스런 연모의 정을 얘기해 줄지를 몰랐다. 그러나 나의 몸은 하프와 같았고 그녀의 말과 몸짓은 그 줄을 퉁기는 손가락 같았다.

　어느 날 저녁 나는 뒤편 거실로 들어갔다. 어두컴컴하고 비 내리는 저녁이었고 집안은 아무 소리도 없이 고요했다. 부서진 창 하나를 통해서 빗줄기가 땅에 내려 꽂히는 소리가 들렸다. 가느다랗게 끊임없이 내리는 바늘 같은 물줄기들이 흠뻑 젖은 화단에서 뛰놀고 있었다. 저 멀리 아물거리는 등잔이나 불 켜진 창 같은 것이 내 아래쪽에서 빛났다. 눈에 보이는 게 거의 없다는 것에 대해 나는 감사하는 마음이었다. 나의 모든 감각들은 스스로 베일에 가려지기를 갈망하는 것 같았다. 그리고 내가 이제 막 그 감각들로부터 빠져나오려 한다는 것을 느끼면서, 나는 양 손바닥을 부르르 떨 정도로 서로 꽉 맞잡았다. 몇 번씩이고 이렇게 중얼대면서. "오 사랑! 오 사랑이여!"

[출전] <Araby> by James Joyce

02 정답 ① ①

한글 번역

식민지 시대의 저택, 세습지, 말하자면 난 귀신 들린 집이라고 부르고는 낭만적인 행복의 절정에 도달할 텐데 – 그러나 그것은 운명에게 너무 무리한 요구를 하는 것일 것이다!

그래도 나는 그 집에 대해 뭔가 이상한 점이 있다고 당당히 선언할 것이다.

그렇지 않다면, 왜 그렇게 싸게 임대가 되었겠는가? 그리고 왜 그렇게 오랫동안 임차되지 않고 있었는가?

온실들도 있었지만, 지금은 모두 부서졌다.

상속인과 공동 상속인에 대한 법적 문제가 있었던 것 같다. 어쨌든, 그 장소는 몇 년 동안 비어 있었다.

안타깝게도 그게 내 으스스함을 망치는 것 같지만 상관없다. 그 집에 뭔가 이상한 게 있고 난 그걸 느낄 수 있다. 어느 달밤에 존에게 그렇게 말하기도 했지만, 그는 내가 느끼는 것은 바람이라고 말하고는 창문을 닫았다.

나는 가끔 존에게 비이성적으로 화가 난다. 내가 예전엔 그렇게 예민했던 적이 없었던 것 같다. 아마도 내 신경 쇠약 상태 때문인 것 같다.

하지만 존은 만약 내가 그렇게 느낀다면, 적절한 자제력을 소홀히 할 것이라고 말한다. 그래서 나는 적어도 그 사람 앞에서는 자제하려고 애쓰는데, 그 때문에 나는 매우 피곤하다.

나는 우리 방이 조금도 마음에 들지 않는다. 난 아래층에 있는 광장으로 통하고, 창문에 온통 장미꽃으로 장식되어 있고, 옛날식의 정말 예쁜 사라사천이 걸려 있는 그 방을 원했다. 하지만 존은 그것에 대해 듣지 않을 것이다.

그는 그 방에는 창문이 하나뿐이고 침대가 두 개 들어갈 공간이 없으며, 만약 그가 다른 방을 써야 한다면 가까운 방이 없다고 말했다.

그는 매우 신중하고 사랑스러우며, 특별한 지시가 없다면 나를 동요하게 하지 않는다.

나는 매 시간마다 처방된 약이 있는데, 그가 모든 것을 돌보고 있기 때문에, 그것을 소중히 여기지 않는다면 정말 감사를 모르는 사람이라고 생각하게 된다.

그는 우리가 오직 나 때문에 여기에 왔다고 말했다. 완벽한 휴식과 내가 얻을 수 있는 모든 공기를 마시라고. "자기야, 운동은 체력에 달려 있고, 음식은 어느 정도 식욕에 좌우하지. 하지만 공기는 항상 마실 수 있지."라고 그가 말했다. 그래서 우리는 집 꼭대기에 있는 육아방을 골랐던 것이다.

[출전] <The Yellow Wallpaper> by Charlotte Perkins Gilman

03 정답 ② ②

한글 번역

톰은 상선 선원 같은 옷을 입고 등장하여 화재용 비상계단으로 천천히 간다. 거기서 그는 걸음을 멈추고 담배에 불을 붙인다. 그는 관객들에게 말한다.

톰 : 이 이야기를 시작하기 위해 우선 시계 바늘을 뒤로 돌리겠습니다. 저 1930년대라는 별스러웠던 시대로 거슬러 올라갑니다. 그때의 미국 사회는 방대한 중산층이 연달아 맹인 학교에 입학하고 있었습니다. 왜냐고요, 눈이 그들을 저버린 것인지 그들이 눈을 저버린 것인지, 하여튼 모두 손끝에 힘을 주며 경제가 붕괴해 가는 꼴을 타는 듯한 붉은 점자를 짚듯 한 자씩 한 자씩 더듬고 있었으니까요.

스페인에서는 게르니카가 있었죠. 그리고 이곳 미국에서는 그저 노동 분쟁이 있었을 정도죠. 때로는 꽤나 시끌시끌했지만요. 그런 일만 없었다면 시카고, 클리블랜드, 세인트루이스 등의 도시가 모두 태평스런 판국이었죠... 이것이 이 연극의 사회적 배경입니다.

[음악이 흐른다.]

이 연극은 추억을 찾아가는 겁니다.

추억의 연극이기 때문에 조명은 어슴푸레하고 감상적이지 결코 현실적이 아닙니다.

추억 속에서는 모든 것이 음악에 맞추어 일어나는 것처럼 보이죠. 무대의 양쪽에서 바이올린 소리가 들려오는 것도 바로 그 때문입니다.

저는 이 연극의 해설자이자 등장인물입니다.

다른 등장인물로는 저의 모친인 아만다, 누이 로라, 그리고 이 극의 후반에 가서 등장하는 젊은 신사 방문객이 한 사람 있죠.

이 연극에는 또 한 사람 제5의 인물이 있지만 실물보다 더 큰 사진으로 벽난로 위에 걸려 있을 뿐 실제로는 등장하지 않습니다.

바로 저의 아버지인데, 오래 전에 우릴 버리고 집을 나갔죠.

우리가 아버지한테서 마지막 소식을 들은 건 멕시코 태평양 연안에 있는 마잘란이라는 곳에서 보낸 그림엽서였습니다. 딱 두 마디의 인사말이 들어있더군요. "잘 있느냐? 잘 있거라!" 물론 주소도 쓰여 있지 않았고요.

나머지 얘기는 연극이 진행되면 자연히 아시게 될 겁니다...

[커튼을 통해 아만다의 목소리가 들려온다.]

[출전] <The Glass Menagerie> by Tennessee Williams

04 정답 ▸ ③

한글 번역

담을 따라 언덕을 내려가니
문이 있어, 보려고 몸을 기댔다가
돌아서는데, 언덕을 올라오는
당신이 보였습니다. 우리는 만났지요. 그러나
그날 우리가 한 일이란 여름 흙 속에 크고 작은
발자국을 섞는 일이었습니다. 마치
우리의 모습 하나보단 크나
아직 둘보단 작은. 당신의 양산은
소수점을 꾹 찍어 놓았습니다.
우리가 얘기하는 동안 당신은 줄곧
흙 속에 우스운 것을 보는 듯 했습니다.
(물론 제가 우스워 그런 것은 아니었지요!)
그 후 나는 우리가 만나기 전에 당신이 지나온 길을 지나갔고
당신은 내가 지나온 길을 지나갔습니다.

[출전] <Meeting and Passing> by Robert Frost

2012학년도 2차

본책 p.100

하위내용영역	배점	예상정답률
영문학 2차 논술형 – 영미시	20점	25%

모범답안 • In the first poem above, there is an over-arching theme of distance growing between parent and daughter and the worry that causes. A parallel is shown (drawn) comparing the concerns of watching her learn to ride a bicycle and moving out of the house.

Second, several metaphors of the leftmost poem show the worry and fear of impending danger at the daughter's departing. The first of these is the "crash" the speaker is waiting for, which shows the dread of something going wrong because of the daughter making a mistake. Secondly, as the daughter gets further away she appears "more breakable", further revealing her vulnerability in the eyes of the concerned parent. A further metaphor, of the little girl "screaming with laughter," shows a daughter caught in glee, but the choice of "screaming" has unique connotations relating to crisis and upset in line with the theme. The final metaphor of the poem is her "hair" which is compared to a "handkerchief waving goodbye," an image associate with emotionally-loaded and dramatic separation of loved ones.

Third, the rightmost poem gives a slightly different account of similar sensations as found above. The metaphors used revolve around "elastic." The distance he goes away from the parents "stretches" emotionally at the parents' hearts. Meanwhile the child is pulled forward by "Something …more powerful", which is not named directly. The simple literal truth is the child is walking to school more independently than two weeks before, without holding his parent's hands but just being supervised by them from afar. In this way he is becoming more independent and less intimate with them.

한글 번역

집을 떠나는 딸에게

네가 여덟 살
내가 너에게 가르쳤지
곁에서 뛰며 저전거를
너는 두 개의 둥근 바퀴로
엉거주춤 멀어져 갔고
내 입모양도 놀라
어 하고 벌어졌어
네가 구부러진 공원 길
아래로 돌진할 때
널 잡으러 뛰어가면서
쾅 부딪히는 소리를
기다렸는데

너는 점점 더 멀어지면서,
더욱 부서질 듯 멀어지면서
구르고 또 구르고
네 생존을 위해, 기뻐서
소리를 질렀지,
네 뒤로 펄럭이는
머리칼이 마치
작별인사를 하는
손수건 같았어.

빨간 모자

그건 크리스마스 전에 시작되었다. 이제 우리 아들은
공식적으로 학교에 홀로 걸어간다.
반쯤—홀로라고 하는 것이 정확할 듯하다:
나 혹은 아이 아빠가 그 아이 가는 길을 뒤따라가니.
그 아이는 웨스트엔드의 동쪽 길을 걸어가고,
우린 서쪽 길로 간다. 힐끗 보는 시선은
길을 가로질러 확장될 수 있다; 시선을 마주치진 않은 채.
이미 유대감은 사실이 아닌 느낌이다.
스트라우스 공원은 이 평행한 길들이 갈라지는 곳;
아이는 그곳에서부터 홀로 간다. 아이를 바라보는 사람의 마음은
그를 향해 쭉 늘어난다, 사랑과 걱정 때문에 탄력적으로,
상쾌하게 성큼성큼 걸어가는 아이가 사라지는 것을 볼 때.
2주 전에
아이는 (나의) 손을 잡은 채 꿈결같이, 느리게, (가기 싫어서) 꾸물거렸는데,
이제는 학교보다 훨씬 더 강력한 뭔가의 당김에 의해
길을 재촉하고 있네.

우리가 되돌아가는 아침은
이전보다 단지 40분 길어졌을 뿐인데
하지만 이 아침들은 이전과는 매우 다르게 느껴지네—연약하고 낯설고
이 변화의 소용돌이 속에서 흔들리고,
텅 비고, 확고한 기반이 없고, 위험하게 가벼운,
그 빨간 모자가 우리 시야에서 사라진 이후로.

[출전] "To a Daughter Leaving Home" by Linda Pasten / "The Red Hat" by Rachel Hadas

2011학년도 1차

📖 본책 p.102

01 정답 ⑤

한글 번역

"어머니," 폴이 어느 날 말했다. "우리는 왜 우리 차가 없나요? 왜 우리는 언제나 오스카 삼촌 차를 타거나 택시를 불러요?"

"그야 우리가 가난하니까 그렇지" 어머니가 대답했다.

"하지만 왜 우리가 그런데?"

"글쎄—내가 생각하기론," 그녀가 씁쓸하게 말했다. "너희 아버지가 운이 없으니까 그런 게지"

소년이 잠시 동안 조용히 생각에 잠겼다.

"운이란 것은 돈인가요?"그가 주저하면서 물었다.

"아냐, 폴, 그런 건 아니지. 운이란 건 네게 돈을 벌어다 주는 거다. 운이 좋으면 돈이 있단다. 그렇기 때문에 부자로 태어나는 것보다 운이 좋게 태어나는 것이 더 좋단다. 부자라도, 돈을 잃을 수도 있지. 하지만 운이 좋다면, 항상 더 많은 돈을 얻을 수 있을 것이기 때문이란다."

"아! 정말요? 그리고 아버지는 운이 없고?"

"정말 운이 없다고 밖엔 말할 수 없구나." 그녀가 씁쓸하게 말했다.

소년이 어머니의 눈을 의심스럽다는 듯이 쳐다보았다.

"왜죠?" 그가 물었다.

"모르지. 어떤 사람이 왜 운을 타고났는가, 혹은 아닌가는 사람의 힘으로 알 수 있는 게 아니란다."

"누구도? 절대로? 정말 누구도? 어머니?"

"글쎄, 어쩌면 신께서는 아시겠지. 그렇지만 신께서는 말씀하시는 법이 없으니까."

"그렇지요. 그럼 어머니도 운이 없어요?"

"그럴 수가 있겠니. 나는 이 운 없는 남자와 결혼했으니 말이다."

"아니, 어머니 스스로 말이에요."

"글쎄, 난 내 스스로 운이 좋을 거라고 생각했었지. 내가 결혼하기 전에... 하지만 지금 나는 네 아빠만큼이나 박복하다고 생각한다."

[출전] <The Rocking-horse Winner> by D.H. Lawrence

02 정답 ▶ ①

한글 번역

윌리 : (증오심에 가득 차 협박하듯이) 네 인생의 문은 활짝 열려있어!

비프 : 아버지! 전 1달러짜리 싸구려 인생이고 아버지도 그래요!

윌리 : (통제할 수 없이 격앙하여 비프에게 돌아서서) 난 싸구려 인생이 아냐! 나는 윌리 로먼이야! 너는 비프 로먼이고! (비프는 윌리에게 다가서려 하지만 해피가 가로막는다. 비프는 격한 나머지 거의 아버지를 칠 듯한 기세다.)

비프 : 저는 사람들의 리더가 되지 못하고, 그건 아버지도 마찬가지예요. 열심히 일해 봤자 결국 쓰레기통으로 들어가는 세일즈맨일 뿐이잖아요. 저는 시간당 1달러짜리예요! 일곱 개의 주를 돌아다녔지만 더이상 올려 받지 못했어요. 한 시간에 1달러! 무슨 말인지 아시겠어요? 저는 더이상 집에 상패를 들고 들어오지 못하고 아버지도 그런 건 기대하지 말아야 해요!

윌리 : (비프에게 대놓고) 악에 받친 개 같은 자식! (비프가 해피를 뿌리치고 나선다. 윌리, 놀라서 계단으로 올라가려 한다. 비프가 그를 붙잡는다.)

비프 : (분노가 머리 끝까지 치밀어 올라서) 아버지, 저는 이런 놈이에요! 전 아무것도 아닌 놈이라고요! 모르시겠어요? 반항하는 게 아니에요. 전 그냥 이렇게 생겨 먹은 놈이에요. 그뿐이라고요. (분노가 제풀에 꺾여 비프는 윌리를 잡은 채로 흐느끼며 주저앉는다. 윌리는 멍하니 비프의 얼굴을 더듬는다.)

윌리 : (놀라서) 왜 이러는 거냐? 너 왜 이러는 거냐? (린다에게) 얘가 왜 울어?

비프 : (기진해서 울며) 제발 절 좀 놓아주세요. 예? 더 큰일이 나기 전에 그 거짓된 꿈을 태워 없앨 수 없나요? (자제하려고 애쓰며 일어나 계단으로 간다.) 아침에 나갈게요. 아버지를, 침대로 모셔다 드리세요. (기진맥진하여 계단을 올라가 자기 방으로 간다.)

윌리 : (한참 있다가 놀라고 들떠서) 놀랍지.....않아? 비프가.....나를 좋아해!

[출전] <The Death of A Salesman> by Arthur Miller

03 정답 ▶ ④

한글 번역

난 생각하곤 했네, 나이 든 사람들은
뻣뻣한 등과 코 주위 주름살, 그리고
양쪽 팔에 작고 살찐 뱀들처럼 생긴 핏줄 따위를 선택한다고,
일부러 멋지게 보이기 위해서.
그러다 어느 날 난간을 통해 난 보았네
집을 나가는 고모할머니 에티의 친구의
줄마노 구슬이 어떻게 풀리는지를.
난 보았네 그녀가 구슬들이 굴러갈 때 그것들을 잡으려 더듬더듬거리는 것을;
그런 뒤 난 알았네 그녀가 속수무책으로 늙었다는 것을,
내 속수무책으로 젊었을 때.

[출전] <Childhood> by Frances Cornford

04 정답 ② ②

한글 번역

　캐리를 잡을 수도 있어. 오, 그래, 그는 할 수 있었다! 그는 사무실에 있는 금고로 돌아가 손잡이에 손을 얹었다. 그리고 나서 그는 문을 잡아당겨 열고 돈이 담긴 서랍을 꺼냈다.

　세상에! 저게 뭐야? 처음으로 그는 어깨 위에 엄한 손을 얹은 듯 긴장했다. 그는 겁에 질려 주위를 둘러보았다. 아무도 없었다. 소리도 없었다. 누군가가 보도 위에서 몸을 뒤척이며 지나가고 있었다. 그는 상자와 돈을 가져다가 금고에 다시 넣었다. 그리고 나서 그는 문을 다시 부분적으로 닫았다.

　무시무시한 선명함으로 똑딱거리는 유령 같은 시계의 엄숙한 목소리를 들어본 적이 없는 사람들은 판단할 처지가 못된다. 우리는 그것이 권리에 대한 지식이 아닐 수도 있다는 것을 기억해야 한다. 권리에 대한 어떤 지식도 악에 대한 동물의 본능적인 움츠러듦을 전제로 하지 않기 때문이다. 인간은 지식에 의해 통제되기 전에 여전히 본능에 의해 이끌린다. 허스트우드가 돈을 돌려놓았을 때, 그의 본성은 다시 사건을 재개하고 대담해졌다. 아무도 그를 관찰하지 않았다. 그는 완전히 혼자였다. 아무도 그가 무엇을 하고 싶은지 말할 수 없었다. 스스로 해결할 수 있을 것이었다.

　그는 서랍을 다시 꺼내어 지폐를 들어올렸다. 그것들은 매우 부드럽고, 작고, 휴대하기 쉬웠다. 결국 그들은 얼마나 적은 돈을 벌었던가. 그는 그것들을 가져가기로 결심했다. 그렇다, 그럴 것이었다. 그가 그 돈을 모두 손에 넣은 후에, 그는 다시 혐오감에 사로잡혔다. 그는 그러지 않을 것이다. 오, 정의로부터의 도주범이 되는 공포! 그는 두 상자를 꺼내서 모든 돈을 도로 넣었다. 그는 흥분한 나머지 자신이 무엇을 하고 있는지 잊어버리고, 계산한 금액을 엉뚱한 상자에 넣었다. 그가 문을 닫으려고 밀면서, 그는 그가 잘못한 것을 기억했고, 다시 문을 열었다. 두 상자가 섞여 있었다. 그는 그것들을 꺼내서, 다시 바로잡았다. 그러나 공포는 없었다. 왜 두렵단 말인가?

　돈이 그의 손에 있는 동안 자물쇠가 찰칵 소리를 내며 잠겼다. 용수철이 튄 것이다! 그가 그렇게 했나? 그는 손잡이를 잡고 세게 당겼다. 금고는 닫혀 있었다. 맙소사! 아니나 다를까 그는 지금 곤경에 처한 것이었다.

[출전] ＜Sister Carrie＞ by Theodore Dreiser

2011학년도 2차

본책 p.109

하위내용영역	배점	예상정답률
영문학 2차 논술형 – 영미시	15점	30%

모범답안· In the above poem, the poet employs literary devices such as understatement and a situational irony to reveal the theme of the poem vividly. The teacher understates the severity of several historical events by telling his students watered-down versions of the historical truth because he wants to "protect his students' innocence." One example of this understatement is the Spanish Inquisition being "an outbreak of questions", instead of being about torture and murder. Two other instances of this are his revisions of an atom being dropped on Japan in place of an atomic bomb and the War of the Roses being against flowers and not war of real death. However, in the lines 14-17, a situational irony occurs because there is an incongruity between what the teacher thinks about his students and what actually happens. In other words, the teacher aims to keep his students "innocence." On the contrary, his students are not already innocent but even violent. Therefore, in the lines 18-19, the reader comes to know who really is innocent: that is, the history teacher. The presence of this irony indicates that the teacher's attempt to protect his students from the truth has proven unsuccessful, contributing to the meaning of the poem.

한글 번역

역사 교사

학생들의 순수함을 보호하려
그는 학생들에게 빙하기란 그저 좀 많이
쌀쌀한 시대일 뿐이어서 백만 년 동안
모든이들이 스웨터를 입고 지내야 했다고 말했다.

그리고 석기시대는 그저 자갈의 시대로
그 시대의 긴 진입로들 때문에 유래한 말이다.

스페인 종교 재판(이단심문)은 사람들에게
"마드리드는 여기서 얼마나 멀지?"
"투우사의 모자를 뭐라고 부르지?"
따위의 질문 공세를 퍼붓는 것 이상도 이하도 아니었다.

장미 전쟁은 정원에서 벌어진 사건이고
에놀라 게이는 원자 하나를 일본에 떨어뜨렸다.

수업이 끝나자 아이들은 놀이터로 나가
약한 아이들과 똑똑한 아이들을 괴롭히며
머리 모양을 망쳐 놓고 안경을 깨트리곤 했다.

그러는 한편 그는 노트들을 챙겨
화단과 하얀 울타리들을 지나 집으로 걸어가며
아이들에게 보어 전쟁은 서로 상대방에게
지루한 이야기들을 해주며 지쳐 나가떨어지게 만든
전쟁이었다는 이야기를 해주면 과연 믿을까 자문했다

[출전] "The History Teacher" by Billy Collins

2010학년도 1차

본책 p.111

01 정답 ③

한글 번역

　　하나의 학문으로서 영어는 학생들에게 국가적인 문화에 대한 감각을 주기 위해 고안되었다. 문학 텍스트는 이러한 의미를 주입하기 위해 사용되었다. 결과적으로, 비록 영국 문학이 종종 고유한 학문으로 제시되었지만, 그것이 가르쳐지는 방식은 종종 의식적으로나 무의식적으로 특정한 국가적 정체성을 장려하기 위해 고안되었다. 셰익스피어 연구는 영어학과 어떤 영국적인 정체성 구성의 핵심적인 것이었다. 전통적으로 영어학에서는 셰익스피어의 희곡과 언어가 영국성의 본질로 제시되어 왔다. 그것들은 동질적이고 변하지 않는 문화의 결정적인 특징으로서 기능하도록 만들어졌다. 셰익스피어와 국가 정체성의 연관성 때문에 학교에서 이러한 희곡 작품들의 위치는 중요한 이슈가 되었다. 아이들이 영어와 영국성을 배우기 위해서는 반드시 셰익스피어를 읽어야 한다는 주장이 제기되었다. 셰익스피어의 희곡은 다른 형태의 문화 산물보다 더 가치 있게 여겨진다. 그 결과, 셰익스피어와 영국사의 교육은 식민주의 문화 프로젝트의 한 부분이 되었다.

[출전] <Introducing Cultural Studies> by Brian Longhurst

02 정답 ①

한글 번역

나는 긴 코트를 입은 신사
네가 듣도록 시도하는.
너의 귀는 부드럽고 작지
늙은이의 이야기에 전혀 귀를 기울이지 않는,
젊은이들의 속삭임과 한숨 소리만 듣고 싶어 하지.
하지만 너의 덩굴시렁에서 죽어가는 장미들을 보렴
그리고 유령 같은 달의 노래를 들어 봐;
나는 곧 나의 사랑스러운 연인을 만나게 될 거야
나는 긴 코트를 입은 신사 시도하는.

나는 아름다운 젊은 여인
내 진정한 사랑이 와서 키스를 할 때까지 기다리고 있지.
그런데 포도나무 사이에 저 노인은 누구지
나오는 말들이 꿈에서처럼 메마르고 희미한?
여보세요, 소리 지르기 전에 나의 넝쿨에서 물러서요!
나는 아름다운 젊은 여인 기다리는.

[출전] <Piazza Piece> by John Crow Ransom(1888-1974)

03 정답 • ⑤

해설 1 • 출제자가 엉뚱한 장치를 사용했네요. 즉, 본문에 나오는 사람들의 이름을 실제 작품과 다르게 바꿔치기를 했네요. 그렇게 함으로써, 작품에 대한 선지식이 문제를 푸는 데 도움을 주지 않도록 말이죠. 둘째 문단의 Doctor Emerson-두 번째 문단의 "above" "They are blue and gigantic-their retinas are one yard high" 등의 구절에서 이 사람이 실제 인물이 아니라 큰 입간판 광고에 나오는 인물인 것을 추론할 수 있죠-은 원 작품엔 T.J. Eckleburg이고, 셋째 문단 끝의 Tom's girlfriend는 원 작품에선 Tom Buchanan's mistress이죠. 사실 출제자들이 수험생들이 너무 쉽게 답을 풀지 못하도록 그런 장치를 했겠지만 공부를 한 분들은 이미 눈치를 챌 수 밖에 없었죠. 이 지문이 <The Great Gatsby>에서 나온 것이라는 것만 알고도, 이 작품이 고딕 소설의 전통에 서 있는 작품이 아니란 점에 착안해서 그냥 답을 ⑤번으로 쉽게 고른 수험생들도 많았으니까요. ②번의 'A fantastic farm'은 'verbal irony'(말해진 것이 실제 의미하는 것과 정반대인 것 what is said is the opposite of what is meant)의 예죠. 실제는 황량한데 그것과 정반대로 말하고 있잖아요. 우리는 흔히 잘난척하는 밥맛 없는 사람에게 '너 참 잘났다'라고 하는데 이것의 숨은 의미는 '너 참 못난 놈이야'이지요. 입으로 말해진 것이 실제 의미하는 것과 정반대인 것인데, 이것이 verbal irony의 유명한 예지요. 참고로 irony도 다음에 나올 비유적 표현의 대표적 예 가운데 하나입니다.

해설 2 • 1920년대를 문예 사조에선 'high modernism'의 시대라고 합니다. 즉, 모더니즘의 대가들의 작품과 그 경향이 가장 잘 드러나 있는 시대이지요. 1925년에 쓰여진 이 작품은 소위 모더니스트 가운데서도 'lost generation'세대의 대표주자가 쓴 것이지요. 아마 여러분은 T.S.Eliot의 <황무지 The Waste Land>를 아실 거예요. 바로 여기에 나온 'a valley of ashes'가 엘리엇이 이야기한 황무지와 유사한 이미지이지요. 즉, 그것은 생명이 없는 죽음을 상징하지요. 따라서 현대인의 불모성을 상징하는 것이기도 해요. 좀더 구체적으론 물질문명에 찌들어 인간성을 상실해가는 미국 동부를 상징해요. 시험 지문엔 안 나왔지만 원 작품엔 이 글의 바로 앞엔 "ABOUT half way between West Egg and New York"이란 구문이 나와 있어서 1차 대전 이후의 전례가 없는 물질문명의 풍요를 맘껏 누리던 1920년대 동부의 대표적인 도시인 뉴욕이 결국 재의 계곡과 무관하지 않음을 보여주지요. 재의 계곡은 Tom Buchanan—Gatsby가 사랑했던 Daisy의 아주 타락한 귀족 남편—의 정부인 머틀이 사는 곳이며 나중에 그녀가 죽는 곳이죠. 즉, 이 재의 계곡은 나아가 동부의 정신적인 폐허를 의미하여 도덕 불감증의 세계를 의미해요.

한글 번역

차도는, 그 지역의 어떤 황량한 지역을 피하기 위해, 철로를 만나 4분의 1마일 정도 나란히 달린다. 이곳이 바로 재의 계곡이다. 재가 밀처럼 자라 산마루와 언덕과 기괴한 정원을 이루는 환상적인 농장이다. 이따금 일련의 회색빛 자동차들이 보이지 않는 길을 따라 움직이면서 기분 나쁜 경적을 울리다 멈춰선다. 곧장 회색빛 재를 뒤집어 쓴 남자들이 무거운 삽을 들고 떼를 지어 눈앞이 안 보이는 구름(먼지)을 불러일으킨다.

그러나 잿빛 땅과 그 위에서 끊임없이 발작적으로 피어오르는 먼지 너머로 잠시 뒤 닥터 에머슨의 두 눈을 볼 수 있다. 닥터 에머슨의 눈은 푸르고 거대하다. 망막의 높이가 무려 1야드에 달한다. 얼굴은 없고 눈만 있지만, 보이지 않는 코에 걸려 있는 거대한 노란 안경 너머로 이쪽을 바라보고 있다. 분명히 어떤 익살맞은 안과 의사가 수입을 좀 늘리려고 걸어 놓은 뒤 그 자신은 영원히 눈이 멀어버렸거나 아니면 이 광고판을 까맣게 잊고 이사를 가버린 게 틀림없었다. 오랜 세월 동안 페인트도 칠하지 않은 채 햇볕에 그을리고 비를 맞아 좀 바랬지만 여전히 그 눈은 생각에 잠긴 듯 엄숙한 쓰레기장(재의 계곡)을 굽어보고 있었다.

재의 계곡의 한쪽엔 작고 더러운 강이 흐르고 있다. 거룻배를 지나가게 하기 위해 다리를 들어올릴 땐 열차에 타고 있는 승객들은 이 음울한 풍경을 30분이나 보며 기다려야 할 때가 있다. 그렇지 않아도 기차는 이 장소에선 적어도 1분간 정차하게 되어 있었다. 내가 처음으로 톰의 여자친구를 만나게 된 것도 이 때문이었다.

"우리 곧 내릴 거야" "내 여자를 만나지" 그는 말했다.
　나는 그의 뒤를 따라 희게 칠한 나지막한 철로변 울타리를 넘었고, 닥터 에머슨의 집요한 응시를 받으며 도로를 100야드 정도 되돌아갔다. 눈에 보이는 건물이라고는 황무지 끝에 있는 노란색 벽돌 건물뿐이었는데, 주변에 아무것도 없는 황무지에 봉사하는 일종의 압축시킨 중심가라 할 만했다.

[출전] \<Great Gatsby\> by Scott Fitzgerald

04　정답 ▶ ④

해설 ▶ 이 지문은 Henry David Thoreau의 \<Walden\> 속 유명한 구절에서 출제됐네요. a figurative expression(비유적 표현)이란 "축어적이지 않은 표현"(an expression that is not literal)을 말합니다. 직유나 은유, 상징 등이 대표적 예지요.

　예를 들어 '나의 애인은 예뻐'는 말 그대로 애인이 예쁘다는 의미로 축어적 표현이지만 '나의 애인은 장미야'는 비유적 표현이지요. 내 애인이 실제 꽃일 순 없으니까요.

ⓐ "난 시간을 마시겠다"는 비유적 표현이지요. 실제로 문자 그대로의 시간을 마실 수 있는 사람은 세상 그 어디에도 없으니까요. 여기선 삶의 정수를, 핵심을 살고 싶다는 저자의 바람을 표현하는 비유적 표현이죠.

ⓑ "나는 알파벳의 첫 글자도 모른다(낫 놓고 기억자도 모른다)"를 볼까요. 여기선 실제 문자 그대로의 알파벳을 모른다는 것이 아니라, 자연 속의 존재로서의 자신의 겸손함을 표현하기 위해 비유적 표현을 쓴 것일 따름이지요.

ⓒ "내 머리는 손이요 발이다"는 비유적 표현이지요. 물론, 살다 보면 아주 특이한 경우에 머리에 손과 발이 붙어 있는 경우도 있지만, 머리가 손이면서 동시에 발일 수는 없지요. 그 앞에 있는 "my intellect is a cleaver"와 같은 의미로, 삶의 비의를 찾아 본질적 삶을 살겠다는 것을 비유적으로 표현한 것이에요.

ⓓ "어떤 짐승들은 코나 앞발을 사용한다"는 축어적 표현이지요. 이것은 단순한 객관적 사실-우리가 다 알고 있는-만을 말할 뿐 그것을 넘어선 그 어떠한 의미도 없지요. 이 문장의 앞에 있는 "my head is an organ for burrowing"는 비유적 표현이지요. 적어도 우리는 인간인 이상 동물들과는 다르게 머리로 굴을 파거나 하진 않죠.

ⓔ "나는 채굴을 시작할 것이다"는 ⓐ, ⓒ와 유사한 내용으로 실제 문자 그대로 채굴을 하겠다는 것이 아니라 그것을 넘어서 인생의 깊은 본질을 추구하겠다는 것의 비유적 표현이지요.

한글 번역

시간은 내가 낚시질하는 강물에 지나지 않는다. 난 그 시간이란 강물을 마신다. 허나, 물을 마실 때 모래바닥을 보고 이 강이 얼마나 얕은지 깨닫는다. 시간의 얕은 물은 흘러가 버리지만 영원은 남는다. 난 더 깊은 물을 들이키고 싶다. 별들이 조약돌처럼 깔린 하늘의 강에서 낚시를 하고 싶다. 난 일도 셀 줄 모른다. 난 알파벳의 첫 글자도 모른다. 난 태어나던 그날처럼 현명하지 못한 것을 항상 아쉬워한다. 지성은 고기를 베는 칼과 같다. 그건 사물의 비밀을 식별하고 헤쳐 들어간다. 난 필요 이상으로 손을 바쁘게 놀리고 싶지 않다. 내 머리가 손이고 발이기 때문이다. 난 최상의 기능이 머릿속에 모여있음을 느낀다. 어떤 동물이 코와 앞발로 굴을 파듯 난 내 머리가 굴을 파는 기관임을 본능적으로 느낀다. 난 이 머리를 가지고 주위의 산들을 파 볼 생각이다. 이 근처 어딘가에 노다지 광맥이 있는 것 같다. 탐지 막대와 엷게 솟아오르는 증기를 보면 알 수 있다. 자, 이제부터 굴을 파러가야겠다.

[출전] \<Walden\> by Henry David Thoreau

2010학년도 2차

📖 본책 p.116

하위내용영역	배점	예상정답률
영문학 2차 논술형 – 영미소설	15점	40%

모범답안 ▶ In the excerpt above, the writer tells the reader that she admires her grandmother despite their many differences, both physically and culturally. In physical terms, the writer makes note of her grandmother's feet and size; having had her feet bound in the barbaric cultural tradition, they are stunted and useless, "like bonsai trees" while her granddaughter's are "huge in comparison." Of her size, the grandmother is described as fantastically small as if belonging "in a museum case." Likewise, of her age, she is able to be "a relic," because of her age and size. Regarding their cultural gap, the two have little overlap in language understanding, as the narrator struggles "with formal scraps of Chinese," giving up in the end remarking "I don't understand you." The breadth of the gap between the two strikes the author in such a way as she feels that they are "like living bookends," occupying the furthest possible ends of living history, because she cannot imagine "surviving a dynasty and revolution" while her grandmother could not imagine the United States.

한글 번역

나의 할머니는 전족을 갖고 있다. 그녀가 태어났을 때부터 잔인하게 묶여 있는, 그것들은 분재나무처럼, 정상적인 것을 축소한 것이다. 그녀는 중국에서 유물이다. 중국에서 80여 년 전에 처음으로 발 묶기가 금지되었는데, 그 당시 중국은 더 이상 시행해야 하는 인구를 감당할 수 없었기 때문이다. 그녀의 느리고 섬세한 종종걸음은 그녀의 나이와 가지고 있던 지위 그리고 잃어버린 지위를 드러낸다.

내 발 사이즈는 5피트인데 그와 비교해서 엄청 크다. 이 발들이 지니고 있는 흔적과 굳은살은 달리기와 점프에서 비롯된 것인데, 우리 할머니는 두 가지 모두 해본 적이 없다. 우리 두 발 사이의 차이는 우리 사이에 있는 놀라운 역사를 생각하게 한다. 마치 우리가 살아있는 두 개의 북엔드인 것처럼 말이다.

나는 12살 때 할머니를 처음 봤다. 그녀는 거의 80세였는데 놀랍게 어색했고 충격적일 정도로 작았다. 나는 그녀의 주름진 얼굴에서 뭔가 익숙한, 우리가 서로 속한다는 신체적인 증거를 찾아보았다. 그녀는 똑같이 나를 쳐다보았다. 그녀는 우리 사이의 거리에 의해, 또는 함께 보내지 않은 시간에 의해 속했다고 느꼈을까? 난 그랬다. 되찾아야 할 잃어버린 세월이 너무 많았기 때문에, 우리는 해야 할 말이 너무 많았고 동시에 할 말이 없었다. 그녀는 예의 바르게 내가 형식적인 중국어의 스크랩과 씨름하는 것을 들었고, 내가 다시 "우부동"("당신을 이해할 수 없어요")이라며 쓰러졌을 때 미소를 지었다. 그럼에도 불구하고 우리는 뭔가 이상하고 아름다운 것을 소통했다. 나는 거의 만난 적이 없는 이 사람을 사랑하는 것이 쉽다는 것을 알았다.

내가 그녀를 두 번째로 본 건 23살 때였고, 백인 남자친구를 데리고 방종한 대학원후 과정의 모험으로 중국에 도착했을 때였다. 나의 할머니는 쪼그라들었지만 지혜로운 모습으로, 마치 박물관의 전시대에 들어있는 양 내 호텔 침대에 앉아 계셨다. 그녀는 비대칭으로 자른 내 머리칼을 쓰다듬었다. 나는 그녀의 발을 만졌고, 그녀의 얼굴은 어린 시절의 고통에 대한 기억으로 일그러졌다. "넌 운이 좋아"라고 그녀가 말했다. 우리 둘 다 그녀가 오래전에 그녀를 울게 만들었던 속박 이상의 것을 생각하고 있었다는 것을 알고 있다. 그녀의 삶의 가장 작은 부분이라도 공유하고 싶었지만, 그녀가 한 번도 본 적이 없는 나라에서의 내 삶을 상상할 수 없었던 것처럼 왕조와 혁명을 살아남을 수 있다는 것은 상상할 수 없었다. 언어와 경험의 상호 격리 속에서 우리는 함께 앉게 된 것에 대해 경외하며 바라볼 수밖에 없었다.

[출전] "Homeward Bound" by Janet Wu

2009학년도 1차

📖 본책 p.118

01 정답 ▸ ①

한글 번역

내 여인의 눈은 전혀 태양 같지 않고
산호는 그녀의 입술보다 훨씬 붉지
눈이 하얗다면, 왜 그녀의 젖가슴은 회갈색인지
머리카락을 철사라 할 수 있다면 그녀의 머리에선 검은 철사가 자라네
다마스커스 비단에 붉고 희게 수놓아진 장미를 본 적 있으나
그녀의 뺨에선 그런 장밋빛을 본 적이 없지
또 어떤 향수의 향기로움은
내 여인의 숨결보다 훨씬 기쁨을 주지
난 그녀의 목소리를 듣는 것을 좋아하지만 또한 안다네
음악이 더 듣기 좋은 소리를 낸다는 것을
난 분명히 여신이 걷는 것은 본 적이 없고
내 여인은 땅 위만 밟고 다니지
　　하지만 하늘에 맹세코 난 내 사랑이 더 귀하다고 믿네
　　거짓된 비유로 그녀를 속이는 그 누구의 것보다.

[출전] "Sonnet 130" by William Shakespeare

02 정답 ▸ ⑤

한글 번역

블랑쉬 : 무슨 생각이야? 당신 눈에서 뭔가가 보여!
미치　 : (일어나며) 여기는 어두워.
블랑쉬 : 난 어두운 게 좋아. 어둠이 내게 위안을 주거든.
미치　 : 밝은 곳에서 널 본 적이 없는 것 같아. (블랑쉬는 숨가쁘게 웃는다.) 그건 사실이야!
블랑쉬 : 그래?
미치　 : 오후에 널 본 적이 없어.
블랑쉬 : 누구 잘못인데?
미치　 : 넌 오후에 절대 데이트하고 싶어 하지 않아.
블랑쉬 : 뭐, 미치, 네가 오후에는 공장에 있잖아.
미치　 : 일요일 오후는 아니지. 일요일마다 가끔 데이트하자고 했는데 넌 항상 핑계를 대잖아. 넌 6시 이후가 되기
　　　　전까지는 데이트를 절대 하려고 하지 않잖아. 그리고 장소는 항상 불빛이 어두운 곳이고.
블랑쉬 : 무슨 뜻인지 애매해서 모르겠네.
미치　 : 그 말은 내가 널 제대로 본 적이 없다는 거야, 블랑쉬. 여기 불을 켜자.
블랑쉬 : (무서워하며) 불? 무슨 불? 왜 그래야 해?
미치　 : 이 종이 같은 거 붙어있는 거. (그가 전구의 종이 랜턴을 뜯어낸다. 그녀는 겁에 질린 숨을 내쉬었다.)
블랑쉬 : 왜 그러는 거야?
미치　 : 그래야 내가 널 똑똑히 볼 수 있어!
블랑쉬 : 물론 네가 정말로 모욕감을 주려고 하는 것은 아니겠지!
미치　 : 아니, 그냥 현실적이려는 거지.

블랑쉬 : 난 리얼리즘을 원하지 않아. 난 마법을 원해! (미치가 웃는다.) 그래, 그래, 마법! 난 사람들에게 마법을 주려고 노력해. 나는 그들에게 왜곡을 보여주지. 나는 진실을 말하지 않아. 나는 무엇이 진실이어야 하는지를 말하지. 그리고 그것이 죄라면, 저주를 받아도 상관없어. −불을 켜지마! − (미치는 스위치를 켜기 위해 건너간다. 그가 불을 켜고 그녀를 응시한다. 그녀는 소리를 지르며 얼굴을 가린다. 그는 다시 불을 끈다.)

미치 : [천천히 그리고 씁쓸하게] 난 네가 내가 생각했던 것보다 늙었어도 상관없어. 하지만 그럼에도, 세상에! 네 이상들은 너무 구식이고 여름 내내 늘어놓은 그 모든 허튼소리들이란. 오, 난 네가 더이상 열여섯이 아니라는 걸 알았어. 하지만 난 네가 솔직하다고 믿을 만큼 바보였어.

[출전] <A Streetcar Named Desire> by Tennesse Williams

2009학년도 2차

본책 p.122

하위내용영역	배점	예상정답률
영문학 2차 논술형 - 영미소설	15점	30%

모범답안 · The three expressions that support the "plant" metaphor involve the narrator describing another character in a critical way. First, she says to this character "you don't talk" and uses "dumb" to illustrate that this person does not speak up enough, the same way a plant is silent. This is showing that the subject of criticism is too unassertive and inactive, the opposite of a "cheerleader". Second, the subject of criticism is said to also have no "personality", another comment emphasizing the blandness of this girl, comparing her to a still plant. Finally, the third expression supporting the "plant" metaphor is the observation that she also has "no hair", which is not meant to be interpreted as literal baldness but instead a lack of a noticeable or attractive hairstyle. This also fits into the uninteresting connotations the "plant" image has.

한글 번역

"왜 말을 안 해?" 나는 울기 시작했다. 만약 내가 멈출 수 없어서 모두가 무슨 일이 일어났는지 알고 싶어 한다면? "자, 네가 한 짓을 봐."라고 나는 혼을 냈다. "너는 이것에 대해 대가를 치르게 될 거야. 난 이유를 알고 싶어. 그리고 너는 이유를 말하게 될 거야. 내가 너를 도우려고 하는 게 보이지 않아? 그냥 평생 이렇게 살고 싶어, 멍청아 (멍청이가 무슨 뜻인지 알아)? 치어리더가 되고 싶지 않아? 아니면 폼폼걸? 무엇을 하며 먹고 살 거야? 그래, 넌 주부가 될 수 없으니까 일을 해야 할 거야. 주부가 되려면 누군가 너와 결혼해야 하지. 너는 식물이야. 너 그거 알아? 말을 안 하는 게 너니까. 말을 하지 않으면 성격이 없는 거야. 너는 성격도 없고 머리카락도 없어. 네가 성격과 두뇌도 가지고 있다는 것을 사람들에게 알려야 해. 누가 네 바보 같은 인생 내내 널 돌봐줄 것 같니? 항상 네 누나가 곁에 있을 거 같아? 진짜 누가 너랑 결혼할 거라고 생각해? 글쎄, 넌 결혼은 커녕 데이트도 할 수 있는 타입이 아니야. 아무도 네가 있는지조차 모를걸. 그리고 인터뷰도 해야 하고, 사장님 앞에서 직접 말해야 해. 그것도 몰라? 넌 정말 멍청해. 왜 내가 너한테 시간을 낭비하는 거지?" 코를 훌쩍이며 코웃음을 치면서, 나는 울음과 말을 동시에 멈출 수가 없었다. 나는 계속 팔에 코를 닦았고, 스웨터는 어딘가에서 잃어버렸다(아마 엄마가 스웨터를 입으라고 해서 입지 않았을 것이다). 마치 내가 다른 사람에게 한 가장 나쁜 짓을 하면서 그 지하실에서 영원히 있는 것 같았다. "널 위해서 이러는 거야."라고 나는 말했다. "내가 너한테 못되게 굴었다고 감히 아무한테도 말도 못하지. 말해, 제발 좀 말해"

[출전] <The Woman Warrior> by Maxine Hong Kingston

2009학년도 평가원 모의평가 1차

본책 p.124

01 정답 • ⑤

한글 번역

내 그대를 여름날에 비할 수 있을까
그대는 더욱 사랑스럽고 온화한 것을
거친 바람은 오월의 향긋한 꽃봉오리들을 흔들고
우리에게 허락된 여름은 너무 짧다
때로는 천국의 눈은 너무나 뜨겁게 눈부시고
또 가끔 그의 황금빛 안색이 흐려지기도 하나
모든 아름다운 것은 언젠가는 지나니
우연 또는 흐트러지지 않는 자연의 변화는 경로를 통해
그러나 그대의 영원한 여름만은 시들지 않아
그대가 지닌 아름다움 또한 잃지 않을 것
죽음의 신도 당신이 지신의 그림자 아래 떠돈다 자랑하지 못하리
이 불멸의 시로서 시간 속에 당신은 커져갈테니
사람들이 숨 쉬고 볼 수 있는 한
당신에게 생명을 주는 시여, 그러니 오래도록 남길.

[출전] "Sonnet 18" by William Shakespeare

02 정답 • ②

한글 번역

(1) 어느 날 전나무 한 그루가 가시나무에게 자랑을 하고 있었다. "당신의 삶은 정말 아무 의미도 없고 아무에게도 쓸모가 없지만, 내 삶은 많은 높고 숭고한 목적으로 가득 차 있습니다. 나 없이 어떻게 헛간과 집을 지을 수 있었겠어요? 나는 배를 꾸미는 테이퍼 스파스와 궁궐 지붕을 위한 대들보가 된답니다." 가시나무가 대답하였다. "좋습니다. 나무꾼들이 여기에 도끼와 톱을 들고 온다면, 전나무 대신 가시나무가 되고자 무엇을 주겠어요?"

(2) 어느 날 아침, 한 남자와 그의 아들은 그들의 집을 떠나 마을을 향해 걷기 시작했다. 그들은 그들의 당나귀 옆으로 걸어갔다. 한 남자가 그들을 지나갔다. 그는 "너희들은 바보들이야. 당나귀는 탈 수 있는데. 왜 걸어가는 거야?" 그래서 그 남자와 소년은 당나귀 위에 앉았다. 곧 그들은 마을에 왔다. 어떤 사람들은 그들을 가리키며 이렇게 말했다. "저 남자와 소년을 보아라. 정말 못됐다." 남자와 소년은 당나귀에서 내렸다. 그들은 막대기를 잘랐다. 그리고 나서 그들은 당나귀의 발을 그것에 묶었다. 그리고 나서 그들은 장대를 어깨에 메고 당나귀를 그들 사이에 메었다. 그들은 마켓 브릿지에 도착할 때까지 걸었다. 그러자 당나귀는 한쪽 발을 풀고 발로 차기 시작했다. 당나귀는 다리 가장자리에서 떨어져 물속으로 떨어졌다. 당나귀는 익사했다.

(3) 한 남자가 골동품 상점으로 걸어 들어갔다. 그는 섬세한 도자기 접시에서 주인의 고양이가 우유를 핥고 있는 것을 알아챘다. 그 남자는 그 접시가 값을 매길 수 없다는 것을 한 눈에 알았고, 그는 그 멍청한 주인이 그의 코 바로 아래에 있는 보물이 무엇인지 깨닫지 못했다고 생각했다. 그 남자는 무심코 주인과의 대화를 시작했다. "고양이가 참 좋군요." "고마워요." 주인이 말했다. "좋은 고양이지요." "흠, 그를 팔 생각이 있으십니까? "5달러면."이라고 그 남자가 물었다. "좋아요"라고 주인이 말했다. 그 남자는 5달러를 지불하고 고양이를 집어 들고 문 쪽으로 향했다. "아, 그건 그렇고," 그 남자가 뒤돌아보며 말했다. "제가 그 오래된 우유 접시 가져가도 괜찮나요? 고양이가 좋아하는 것 같아요." "농담해요?" 상점 남자가 웃었다. "저 접시가 지난 한 달 동안 70마리의 고양이를 팔도록 도와줬죠!"

2009학년도 평가원 모의평가 2차

📖 본책 p.127

하위내용영역	배점	예상정답률
영문학 2차 논술형 – 영미시	15점	20%

모범답안▶ In the given poem, the poet uses ambiguity in the final line "And miles to go before I sleep." The speaker is attached to the lovely woods but has to continue his trip because of "promises" he has. The ambiguity of this comes from the unclear decision the speaker makes when faced with these conflicting obligations. The woods are tempting despite being "dark", hinting at something deeper and unusually attractive to the speaker. Likewise, the repetition of this line seems to hint at hesitation the speaker feels to keep traveling or not.

한글 번역

눈 내리는 저녁 숲가에 서서

이곳이 누구 숲인지 나는 알 듯도 하다
그러나 그는 마을에 있어
내가 여기에 와 멈추어 서서
눈 내리는 숲을 보는 것을 알지 못하리라.

내 작은 조랑말은 뭔가 이상해 하네
가까운 곳에 농가도 없고
얼어붙은 호수뿐인 깊은 숲에 와 멈추어 선 것을.
일 년 중 가장 그윽히 어두운 날 저녁에

조랑말은 방울을 한번 짤랑거려 본다
뭔가 잘못된 것이 아니냐는 듯이
그 외의 다른 소리라고는
숲을 쓸어가는 부드러운 바람과 하늘거리는 눈송이뿐.

숲은 아름답고 캄캄하고 깊은데
허나 나는 지켜야 할 약속이 있어
잠들기 전에 가야 할 먼 길이 있네
잠들기 전에 가야 할 먼 길이 있네.

[출전] "Stopping by Woods on a Snowy Evening" by Robert Frost

2008학년도 서울 · 인천

📖 본책 p.132

01 모범답안▸ (4) → (3) → (1) → (2)

한글 번역

　　이카보드 크레인의 찬송가 교육을 받기 위해 모인 제자 중에는 유복한 네덜란드 농장주의 외동딸인 카트리나 반 타셀이 있었는데, 그녀는 이제 막 열여덟 살이 된 꽃다운 처녀였다. 부드럽고 탐스러운 불그스레한 뺨을 지닌 그녀는 외모뿐만 아니라 엄청난 유산의 상속녀로도 유명했다.

　　이카보드는 정이 많고 어리숙하게 여자들을 대했는데, 이렇게 매혹적인 사람이 곧 그의 눈에 든다는 것은 놀랄 일이 아니었다. 그러나 문제는 무시무시한 적들이 많다는 것인데, 그들은 카트리나의 마음의 문을 사방팔방으로 가로막으며 서로 경계하며 화난 모습으로 서로를 감시하기도 했지만, 서로 합심하여 새로운 경쟁자에 대항해 덤벼들기도 했다.

　　그중에서도 가장 강력한 적은 브롬 반 브룬트라는 이름의 시끄럽고 건장하며 잘난 체하는 젊은이였다. 마을의 영웅이기도 한 그는 마을 곳곳에 용맹하고 힘센 자로 유명했다. 그와 경쟁하는 것은 미친 짓일 것이다. 이카보드는 그와 대립하는 것을 두려워했다.

　　하지만 카트리나의 아버지의 저택을 방문한 후, 이카보드의 마음은 더욱 굳어졌다. 발터스 반 타셀의 요새는 푸르고 안락하며 비옥하고 으슥한 곳에 자리잡고 있었다. 넋 잃은 이카보드는 자신의 큰 푸른 눈으로 거대한 목초지를 둘러보았을 때, 그의 마음은 이 땅을 물려받을 그 처녀를 갈망하였고, 그의 상상력은 이 땅이 어떻게 현금과 황야 속에 지붕이 덮인 궁전으로 손쉽게 변할 것인가라는 생각으로 부풀어져만 갔다.

　　그가 그 집에 들어갔을 때, 그의 마음은 완전히 정복되었다. 그 집은 초창기 네덜란드 정착민들로부터 물려받은 귀족 스타일로 지어진 넓은 농가들 중 하나였다. 그 순간부터 그의 유일한 연구는 어떻게 반 타셀의 그 어디에도 견줄 데가 없이 훌륭한 딸의 사랑을 얻을 수 있는가 하는 것이었다.

02 모범답안▸ (1) a violet　(2) a star

한글 번역

인적 멀리 그녀는 살았다

인적 멀리 그녀는 살았다
도브강 원류에
찬미할 이 하나 없고,
사랑해줄 이 거의 없는 한 처녀;

사람들의 눈에서 반쯤 가리워진
이끼 낀 돌가에 핀 한 송이 제비꽃!
하늘에 홀로 빛날 때의
별처럼 아름다웠다.

루시는 아는 이 없이 살아 그녀가
언제 죽었는지 아는 이 거의 없었다;
허나 그녀가 묻히자, 아
온 세상이 얼마나 달라졌는지!

2008학년도 전국

본책 p.135

01 **모범답안▸** the psychological and physical obstacle which prevents Eveline from leaving with Frank

한글 번역

　　그녀는 노드월 역의 술렁이는 인파 속에 섞여 서 있었다. 그가 그녀의 손을 잡고 있었다. 그리고 그가 이야기를 하고 있음을 그녀는 알고 있었다. 몇 번이나 되풀이되는, 바다를 건너가는 항해에 관한 무슨 이야기였다. 역은 갈색 가방을 든 군인들로 가득 차 있었다. 활짝 열려진 대합실문을 통해서, 그녀는 거대한 검은 선체를 볼 수 있었다. 그것은 부두의 안벽에 정박하고 있었는데, 창마다 불이 밝혀져 있었다. 그녀는 아무 대꾸도 하지 않았다. 그녀는 뺨이 핏기가 없고 싸늘하게 식어감을 느끼고 있었다. 그리고 머릿속을 어지럽히고 있는 슬픔 속에서, 그녀는 신에게 길을 인도해 주고, 할 일을 가르쳐 달라고 기도했다. 기선이 안개 속을 향해 길고 구슬픈 기적 소리를 울려댔다. 그녀가 떠난다면, 내일이면 그녀는 프랭크와 함께 바다 위에서 부에노스아이레스로 가고 있을 것이다. 그들은 이미 출항자 명부에 등록되어 있었다. 그가 지금껏 그토록 그녀를 위해 헌신해 왔는데, 이제 와서 그녀가 몸을 뺄 수가 있을까? 그녀의 슬픔이 그녀의 전신에 역겨움을 일깨워 놓고 있었다. 그녀는 입술만을 움직이며 소리 없는 열렬한 기도를 계속하고 있었다.

　　갑자기 울려온 종소리가 그녀의 가슴을 철렁하게 했다. 그녀는 그가 자신의 손을 움켜쥐는 것을 느꼈다.

　　"가자!"

　　세상의 온 바다가 그녀의 가슴 속에서 파도쳤다. 그가 그녀를 바닷속으로 끌어들이고 있었다. 그가 그녀를 익사시킬 것만 같았다. 그녀는 두 손으로 쇠난간을 잡았다.

　　"가자!"

　　안 돼! 안 돼! 안 돼! 그럴 수가 없었다. 그녀의 두 손은 미친듯이 쇠난간을 움켜쥐고 놓지 않았다. 그 거센 파도 속에서 그녀는 괴로움에 못 이겨 길게 절규했다.

　　"이블린! 이비!"

　　그는 방책 저 편으로 밀려가면서 따라오라고 그녀에게 소리쳤다. 그는 어서 오라고 여전히 소리쳤다. 그녀는 의지할 데 없는 하나의 동물처럼 꼼짝도 못하고, 그녀의 창백한 얼굴을 그에게 보이고 있을 뿐이었다. 그를 향하고 있는 그녀의 시선에는 사랑의 표시도, 석별의 정도 없었고, 그가 누구임을 알아보는 빛도 보이지 않았다.

02 모범답안· (1) horse/mount (2) hound/dog

해설 • The poet evokes the qualities of the body by the three metaphors. Horse and mount links to quick mobility and liveliness. My house connotes a sense of security, the place to be at ease. Hound and dog senses what's ahead in the hunt — that is, in the process of living.

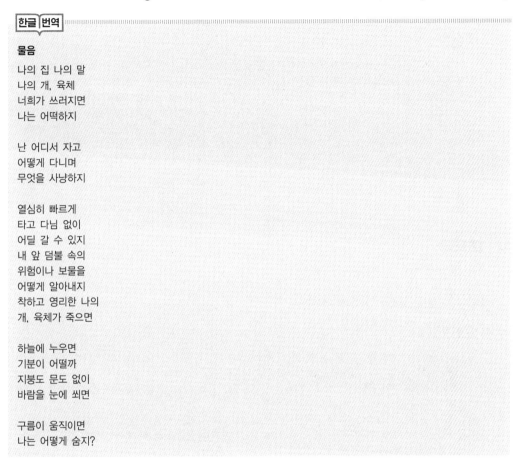

한글 번역

물음

나의 집 나의 말
나의 개, 육체
너희가 쓰러지면
나는 어떡하지

난 어디서 자고
어떻게 다니며
무엇을 사냥하지

열심히 빠르게
타고 다님 없이
어딜 갈 수 있지
내 앞 덤불 속의
위험이나 보물을
어떻게 알아내지
착하고 영리한 나의
개, 육체가 죽으면

하늘에 누우면
기분이 어떨까
지붕도 문도 없이
바람을 눈에 씌면

구름이 움직이면
나는 어떻게 숨지?

[출전] "Quension" by May Swenson

2007학년도 서울 · 인천

📖 본책 p.138

01 모범답안▶ the culture of imperialism

> 한글 번역
>
> 언어는 민족 문화의 담지자다. 문화는 민족 가치관의 담지자다. 가치(관)는 사람들의 견해나 의식 그리고 정체성의 담지자다. 그래서 사람들의 언어를 파괴하거나 저개발함으로써, 식민을 하는 국가들(제국주의 국가들)은 의도적으로 사람들의 문화, 가치, 의식을 죽이거나 저개발했다. 그리고 자신들의 언어를 강요함으로써, 그들은 자신들의 문화, 가치, 의식을 강요했다. 그 결과는 지배자의 언어를 말하고 이해하는 과정을 통해 제국주의 문화를 내재화한 소수 그룹의 탄생이었다. 그 후, 이 소수 그룹은 제국주의의 안경을 통해 세상을 바라보았다. 그들은 제국주의 언어, 문화, 가치관, 세계관의 수호자가 되었고, 따라서 무자비한 착취와 민주주의의 억압이라는 제국주의의 경제, 정치적 프로그램의 가장 열렬한 옹호자가 되었다. 제국주의가 신식민의 형식으로 아프리카에 대한 경제적인 억압을 계속 유지할 수 있는 것은 바로 이 소수파를 통해서이다.

02 모범답안▶

2-1 a bird with a broken wing

2-2 [4]

> 한글 번역
>
> [1] 그녀 앞에 수백만의 햇살로 빛나는 걸프만의 물이 펼쳐져 있었다. 바다의 목소리는 유혹적이고 끊임없고, 속삭이고, 아우성치고, 중얼거리고, 영혼을 고독의 심연으로 방황하도록 이끌었다. 흰 해변을 따라 위아래로 살아있는 것은 보이지 않았다. 날개를 다친 새 한 마리가 위의 공기를 치고, 돌고, 펄럭이며, 별수 없이 아래로 아래로 물로 떨어졌다.
> [2] 에드나는 여느 때와 마찬가지의 고리에 여전히 걸려서 색이 바래는 오랜 수영복을 발견했다.
> [3] 그녀는 자신의 옷을 목욕탕에 벗어놓고 수영복을 입었다. 그러나 그녀가 바닷가에 완전히 혼자 서 있었을 때 그녀는 그 불쾌하고 따끔따끔한 옷을 벗어 던지고 그녀 인생 최초로 바깥에서, 햇빛의 자비로움과 그녀에게 부딪히는 바람, 그리고 그녀를 초대하는 물결 곁에 나체로 서 있었다.
> [4] 하늘 아래 나체로 서 있는 것이 얼마나 이상하고 끔찍하게 생각되었던가! 얼마나 달콤한가! 그녀는 새로 태어난 생명체처럼 느껴졌으며 한 번도 알지 못한 익숙한 세상에서 눈을 뜨는 것 같았다.
> [5] 거품이 있는 작은 물결들이 그녀의 하얀 발에 소용돌이쳤고 뱀처럼 그녀의 발목에서 똬리를 틀었다. 물은 차가웠지만 그녀는 걸어들어 갔다. 물은 깊었지만 그녀는 자신의 흰 몸을 부양시켜 길고 쓸어내는 듯한 손 발차기로 나아갔다. 바다의 감촉은 감각적이었고 그녀의 몸을 부드럽고 밀착된 포옹으로 안았다.
> [6] 그녀는 계속 나아갔다. 그녀는 멀리까지 수영해 나갔던 밤을 기억했고 다시 해변으로 돌아오지 못할 것 같은 공포가 그녀를 사로잡았던 것을 기억했다. 이제 그녀는 뒤돌아보지 않았다, 다만 계속 나아갔고 그녀가 아이였을 때 지나갔던 푸른 초록 들판을 생각하며 시작도 끝도 없다고 믿고 있었다.

03 모범답안·

3-1 husband and wife [or] wife and husband

3-2 the dry wind

한글 번역

사진 신부

그녀가 한국을 떠났을 때
지금 나보다도 한 살이나 어리셨지
스물셋,
할머니가 떠날 때는
인사도 없이 그냥
대문만 닫고 나오셨을까?
이름을 들은지도 얼마 안 되는
남자가 기다리는 해변가로
타고 갈 배가 있는 부산항.
양복점을 지나 부두까지는
아주 먼 길이었다
그 섬 해변엔 신랑이 기다렸다
하와이 와이아루아 사탕수수 공장
밖의 막사에 남포불이 켜지면
신부 사진을 불빛에 비추어 보는
신방은
사탕수수 줄기를 오가는
나방이 날개로 은은히 빛이 났다
할머니가 떠나올 때 무얼 들고 오셨을까?
나이가 열셋이나 더 많은
낯선 신랑의 얼굴을
처음 들여다보았을 때,
그녀는
명주 옷고름을
살며시 풀었을까
농부들이 사탕수수를 태우던
넓은 벌판에서 불어오던
마른 바람으로 일렁이는
천막처럼 생긴 치마와?

2007학년도 전국

본책 p.143

01 모범답안 •

1-1 It considers a literary work as an access to universal values and qualities

1-2 It is to encourage more active interventions, transformations and interpretations in contexts by readers themselves, which opens up new vistas on what learners could usefully be doing in their literature lessons.

한글 번역

　학자들은 텍스트로 간주되는 문학관과 담론으로 간주되는 문학관을 대비시킨다. 첫 번째 관점은 문학 연구의 전통적인 목표인 문학에 대한 학생들의 지식을 증진시키는 반면, 두 번째 관점은 문학에 대한 지식을 증진시킨다. 전통적인 문학 교육은 문맥에서 벗어난 '페이지 위의 단어'에 대한 주의를 촉구했고, 문학을 진실, 아름다움 등과 같은 보편적인 가치와 특질에 대한 접근으로 보았다. 반면에 담론적인 관점은 텍스트를 구성되고, 불확정적이며, 문맥에 대한 적극적인 해석이 필수적인 것으로 본다. 담론으로서의 문학은 질문, 대결, 개입에 열려 있다. 문학은 다른 이들의 발화에 대한 반응이며 동시에 반응을 요구하는 것이기도 하다. 언어를 배우는 것이 사람들의 계속되는 대화에 참여하는 것으로 보여지는 것처럼.

　문학 담론이라는 사상이 가지고 있는 중요한 실제적인 결과는 교육의 새로운 흐름을 만들어낸 것인데, 그것은 독자로 하여금, 신성한 작가의 텍스트에 대한 경건한 사색에서 벗어나, 문맥에서 더욱더 적극적으로 개입하고 변형하고 해석하는 것을 장려하는 것이다. 이 새로운 관점은 제1언어 상황이든 제2언어 상황이든지 학습자들이 문학 수업에서 유용하게 할 수 있는 것에 대한 새로운 전망을 열어준다.

02 모범답안 •

2-1 binding of one woman to eternal subjugation [or] the eternal subjugation of woman by man

2-2 make sure neither end went out

한글 번역

　한 고위 관리가 결혼식을 주관했는데, 그는 철학자들과 정조를 지킨 모델이 될 만한 사람들에 대해 너무 오래 이야기했다. 그때 나는 중매쟁이가 우리의 생년월일과 조화와 다산에 대해 말하는 것을 들었다. 나는 면사포를 두른 나의 머리를 앞으로 젖혔는데 중매인의 손이 빨간 비단 스카프를 펼치고 빨간 촛불을 들어서 모두가 볼 수 있도록 하고 있는 것을 볼 수 있었다. 그 양초는 불을 밝힐 수 있는 양 끝이 있었다. 한 쪽에는 탄유의 이름이 새겨진 금문자가 있고, 다른 쪽에는 내 이름이 새겨져 있었다. 중매쟁이가 양쪽에 불붙인 뒤 "결혼이 시작됐습니다"라고 말했다. 탄유는 내 얼굴에서 스카프를 휙 잡아당겨 빼낸 뒤 그의 친구들과 가족들에게 미소를 지어 보였지만, 나에겐 눈길 한 번 주지 않았다. 신랑은 나로 하여금 어린 공작새를 생각나게 했는데, 내가 언젠가 한 번 봤던, 그 공작은 자기가 마치, 아직 다 자라지도 않은 여전히 짧은 꼬리를 흔들어대면서 마당 전체를 차지한 존재인 것처럼 행동했었다.

　나는 중매쟁이가 불붙인 빨간 촛불을 금꽂이에 꽂은 다음 초조한 표정을 하고 있던 하인에게 건네는 것을 보았다. 이 하인은 연회가 열리는 동안 밤새도록 촛불을 지켜봐야 했는데, 초의 양쪽 끝 어느 한 곳도 꺼지지 않도록 하기 위해서였다. 아침에 중매인은 결과─조그마한 검은 재의 조각─를 보여주기로 되어 있었고, 그러고 나서 "이 촛불은 꺼지지 않고 양 끝에서 계속 타올랐습니다. 이것은 이 결혼이 앞으로도 결코 깨질 수 없는 것임을 의미합니다."라고 선언할 것이다.

　아직도 난 기억이 난다. 촛불은 가톨릭에서 이혼하지 않겠다는 약속 이상의 가치가 있는 혼인 결합체였다. 그것은 내가 이혼할 수 없다는 것을 의미했고, 탄유가 죽더라도 나는 절대 재혼할 수 없다는 것을 의미했다. 그 빨간 촛불은 나를 남편과 남편의 가족에게 영원히 봉인당하도록 만드는 것이었다. 그 후엔 어떤 변명도 불가능한.

03 모범답안 •

3-1 a gardener pruned the tree

3-2 Women have been held back from reaching their full potential (like a bonsai tree).
[or] Women are oppressed and contained much (like a bonsai tree).

해설 • 주제 : 인간의 이기심(자기중심성)이 자연스러운 생물의 성장을 막는다(저해한다)./ 자연적인 것을 인공적으로 왜곡시켜 본성을 변질시키고 잠재력을 없애는 것에 대한 비판

한글 번역

책략의 작품

멋진 화분의
분재나무는
숲에서
번개에 맞아 쪼개지기 전까지
18피트는 자랄 수 있었겠지.
하지만 어느 정원사가
심혈을 기울여 전지를 했다.
이것은 9인치.
매일 정원사는 가지를 치고
작은 소리로 노래한다.
작고 예쁜 것이
너의 본성이다
수줍고 약한 것이:
작은 나무야 자랄 화분이
있다는 것이 얼마나 다행이냐.

살아있는 것을
성장을 못하게 하기 위해서는
일찍 시작해야 한다:
묶인 발,
바보가 된 머리,
컬러(머리카락을 곱슬하게 만들기 위해 머리를 감는 도구)를 만 머리카락
네가 닿길 좋아하는
손들.

2006학년도 서울 · 인천

본책 p.148

01 **모범답안** we have no time for leisure.

해설 The poet is asking what kind of life this would be if were not full of care (or there were no time for leisure). The poet is talking about the little beauties of life which we take for granted but which we would miss very much if we were suddenly to be deprived of our time "to stand and stare."

한글 번역

여유

그게 무슨 인생이겠는가, 근심만 가득 차
멈춰 서서 바라볼 시간이 없다면

양이나 젖소처럼 나뭇가지 아래 서서
물끄러미 바라볼 시간이 없다면

숲을 지나면서 다람쥐가 풀밭에
도토리 숨기는 걸 볼 시간이 없다면

한낮에도 밤하늘처럼 별 가득 찬
시냇물을 바라볼 시간이 없다면

미인의 눈길에 돌아서서 그 아리따운
발걸음을 지켜볼 시간이 없다면

눈에서 비롯해 입으로 곱게 번지는
그 미소를 기다릴 시간이 없다면

참 딱한 인생 아니랴, 근심만 가득 차
멈춰 서서 바라볼 시간이 없다면.

[출전] "Leisure" by William Henry Davies

02 모범답안 •

2-1 Literary use of language that breaks the usual rules of common language to create the stylistic effects.

2-2 sensitive

한글 번역

　　언어 교실에서 문학을 가르치는 것을 둘러싼 논쟁 중 하나는 문학 언어가 구문, 연어 관계 그리고 심지어 응집성의 더 일반적인 규칙들을 깨뜨린다는 점에서 다른 형태의 담론들과 어떤 식으로 다른가 하는 것이다. 이것은 특히 시의 경우에 해당되는 것으로 보인다. 선생님들은 종종 학생들과 함께 문학을 사용할 때, 우리가 그들을 언어의 "잘못된" 사용에 노출시키고 있다는 우려를 표현한다. 하지만, 학생들에게 언어의 그러한 정교한 사용을 탐구하도록 요청함으로써, 우리는 또한 학생들이 언어 사용의 규범에 대해 생각하도록 장려하고 있다는 주장도 있어 왔다. 언어의 잘못된 사용의 문체적 효과를 이해하기 위해서, 학생들은 그것들이 더 일반적인 사용법과 어떻게 다른지 알아야 할 필요가 있다. 그리고 소설이나 단편 소설의 맥락에서 이것은 학생들이 그 작품의 근본적인 주제를 더 쉽게 해석하는 것을 도울 수도 있다. 단어들의 일탈적인 사용에 집중함으로써, 선생님들은 학생들이 문학 작품에서 특정한 문체적 효과를 인식하도록 도울 뿐만 아니라, 규범에서 벗어나 어떻게 이러한 효과들이 성취되는지를 고려하도록 돕는다. 동시에, 선생님들은 학생들이 연어 관계와 같은 언어의 더 일반화될 수 있는 특징들을 발견하는 과정에 참여시킨다. 다시 말해서, 학생들과 함께 문학을 사용하는 것은 학생들이 영어의 전반적인 특징들 중 일부에 더욱 민감하게 되도록 도울 수 있다.

03 모범답안 • curiosity

한글 번역

　　영국인은 정치적 동물로 불리며 정치적이고 실용적인 것을 너무 중시해 사상은 그의 눈에 쉽게 혐오의 대상이 되고, 사상가들은 '악당'이 된다. 왜냐하면 사상과 사상가들은 경솔하게 정치와 실용에 간섭했기 때문이다. 실용이 전부고, 정신의 자유로운 놀이는 아무것도 아니다. 모든 주제에 대한 정신의 자유로운 놀이가 그 자체로 즐거움이고, 욕망의 대상이며, 이것이 없다면 한 나라의 정신은, 그것이 어떤 보상을 제공해주든 간에, 결국엔 무기력 속에 죽을 수밖에 없다는 개념은 영국인의 생각 속에 거의 들어가지 않는다. 다른 언어들에선 좋은 의미로 사용되는 호기심이라는 단어는 주목할 만하다; 즉, 인간 본성이 가지고 있는 높고 훌륭한 자질로서, 모든 주제에 대해서 정신의 자유로운 놀이에 대한 이 사심 없는 사랑 그 자체를 의미한다는 것. 나는 이 단어가 우리 언어에서 그와 같은 종류의 감각은 전혀 없고, 오히려 나쁘고 비난받는다는 것은 주목할 만하다고 생각한다.

2006학년도 전국

📖 본책 p.152

01 모범답안・

1-1 Copies, streams, talent

1-2 Originality

　"아무도 모방으로는 위대해 질 수 없다"라고 존슨의 임락(사무엘 존슨의 작품 〈라셀라스〉에 나오는 등장인물)은 말했다. 18세기 말, 점점 더 많은 비평가들이 모방이 아무리 창의적일지라도, 그것은 반드시 원작보다 뒤떨어진다는 것에 동의했다. 1759년 한 평론가는 "시냇물이 자신의 원천보다 더 높이 흐를 수 없는 것처럼, 사본은 원본을 능가할 수 없다"고 썼다. 그리고 〈라셀라스〉가 출간된 이후엔, 모방과 독창성의 차이는 재능과 천재성의 차이로 취급되었다.
　독창성은 천재의 본질에 대한 새로운 심리학적 탐구 과정에서 현재의 명성을 얻었다. 18세기에 이르러서야 비로소 '천재'라는 단어는 '보조 정신'이라는 오래된 의미를 잃고 정신적 재능으로 내재화되었고, 따라서 대단히 비정상적으로 똑똑한 사람이 천재로 불릴 수 있게 되었다.

02 모범답안・

2-1 Life is unpredictable (or We cannot tell what one is going to do in advance) and we just have to wait and allow things to happen naturally.

2-2 rend/befriend

해설　주제 : 인생에 행복이 찾아올지 불행(고통)이 찾아올지 불확실하다. (경험하기 전까지 알 수 없다, 예측할 수 없다.)

한글 번역

사냥개

정체를 알기 힘든
인생이라는 사냥개가
단번에 뛰어 달려든다
나를 물어뜯으려는지
아니면 나와 친구가 되려 하는지.
이 사냥개의 의도를
알 수가 없구나
이빨을 드러내든 혀를 내밀든
내 맨손을 향해
뛰어 오를 때까지는.

[출전] "The Hound" by Robert Francis

2005학년도 서울 · 인천

본책 p.154

01 모범답안·

1-1 ⑴ order ⑵ collapse

1-2 ⑴ external threats ⑵ threats within ⑶ insidious threats

한글 번역

되풀이해서 문학 텍스트는 질서의 아이디어 또는 어쩌면 질서의 이상을 다룬다. 잘 운영되는 국가나 안정된 사회 질서에 대한 감각이 있고, 개인에게는 안전한 틀 안에 존재하는 느낌이 있다; 이것은 종교적인 믿음, 결혼과 경제적 안정과 관련된 확신, 또는 아마도 사랑에 관련된 행복에 의해 제공되는 편안함일 것이다. 〈베오울프〉에서 안정감은 피난처와 공유된 가치로서 큰 홀의 존재와 연결된다. 그곳은 잔치와 경축 행사를 위한 장소로서, 바깥 어둠 속에서 마주칠 수 있는 그 어떤 것에 대해서도 온기와 보호를 제공한다. 그러나 계속해서, 문학 텍스트는 그러한 안정감과 자신감에 대한 위협에 초점을 맞춘다. 괴물이나 낯선 적과 같은 외부의 위협이 있을 수 있고, 왕의 권위에 도전하는 셰익스피어의 역사극에 나오는 반항적인 귀족들과 같은 내부의 적이 있을 수 있다. 그러나 위협은 더욱더 위험하게 은밀히 퍼질 수 있다. 예를 들어, 많은 18세기 작품에서는, 사회를 압도하는 혼돈의 느낌과 이미 확립된 행동 기준이 붕괴되고 있다는 느낌이 있다. 또는 19세기와 20세기 작품들에서 보이는 것처럼, 세계가 너무 빨리 움직이고 너무 많이 변화해서 모든 꾸준한 기준점들을 잃어버리고 있다는 느낌이 있을 수도 있다.

02 모범답안· ⑴ brief ⑵ melancholy ⑶ death ⑷ a bereaved lover

한글 번역

만약 어떤 문학 작품이 너무 길어서 한 번에 읽을 수 없다면, 우리는 감동의 통일에서 파생되는 매우 중요한 효과를 배제하는 것에 만족해야 한다. 왜냐하면 두 개의 자리가 요구된다면, 세상사가 간섭을 받고, 총체성과 같은 모든 것이 즉시 파괴되기 때문이다. 모든 강렬한 흥분은, 심리적 필요에 의해, 한 순간에만 일어나는 것이다. 가장 강렬한 동시에 가장 고양되고, 가장 순수한 그 짧은 흥분은 아름다움에 대한 사색에서 발견된다고 본다. 나는 단지 직접적인 원인으로부터 효과가 생겨나야 한다는 것이 명백한 예술의 규칙이기 때문에 아름다움은 시의 영역이라 간주한다. 즉, 목적은 그 성취에 가장 적합한 수단을 통해 성취되어야 한다는 것이다. 모든 경험이 보여 주듯 아름다움을 전하는 어조는 슬픔의 어조이다. 어떤 종류의 아름다움이든, 그 발전 수준의 최고 단계에서는, 언제나 민감한 영혼을 눈물로 흥분시킨다. 그러므로 멜랑꼴리는 모든 시적 어조 중에서 가장 정당한 것이다. 이제, 나는 대상의 우월성이나 완벽함을 결코 놓치지 않으며, 스스로에게 물었다. "모든 우울한 주제 중에서, 인류에 대한 보편적 이해에 따르면, 가장 우울한 것은 무엇인가?" "죽음"이 분명한 대답이었다. "그리고 가장 우울한 주제가 언제 가장 시적인가?"라고 나는 말했다. 내가 이미 길게 설명한 것을 보면, 여기에서도 답은 명백하다. "그것이 아름다움과 가장 밀접하게 결합할 때"이다. 그렇다면, 아름다운 여인의 죽음은 의심할 여지 없이, 세상에서 가장 시적인 주제이고, 마찬가지로 그러한 주제에 가장 적합한 입술이 사랑하는 사람을 잃은 사람의 입술이라는 것은 의심의 여지가 없다.

03 모범답안 she has trouble getting started, swept along by everyday life. [*or*] she cannot abandon (*or* give up) her daily routine (ordinary life).

해설 The poem focuses on a universal dilemma. The speaker sets lofty goals for herself. She wants to be a special person, but fails to attain the goals because she has trouble getting started, swept along by everyday life.

한글 번역

내가 삶에서
해야 한다고 알고 있는 일을
잊어버렸거나
하지 않으려 하는 것은 아니다
이는 사소한 근심들을 뛰어넘고
내 존재의 더 높은 목표에 따라
진실과
아름다움을
사는 것.
그러나
나는 다소
시작하는 데
어려움이 있고
매일매일
매 시간마다
주문이
깨지기를
기다리며
평범한 삶을
계속한다.
매 순간
매 맥박
마다
계산서를 지불하고
빨래를 하며
일하러 가고
조금 긁힌 무릎에
밴드를 붙이고
TV를 보고
쓸려가며
그렇게 가면서.

2005학년도 전국

📖 본책 p.160

01 모범답안

1-1 제1연 : abaab　　제2연 : cdccd　　제3연 : efeef

1-2 C → A → B

한글 번역

가지 않은 길

노란 수풀에 두 길이 갈라져
나는 나그네로서
둘 다 가볼 수 없기에 오랫동안 서서
덤불로 굽어드는 한 길을
바라보고 있다가

딴 길을 택했다. 곱기는 매한가지.
어쩌면 마음을 더 끄는 길일 듯 싶어,
풀이 우거지고 발길에 닳지 않았기에.
하기야 이 길도 사람들이 다니다 보면
마찬가지로 발길에 닳기 마련인 것.

그런데 그날 아침 두 길은 똑같이
낙엽에 묻혀 발길에 더럽혀지지 않았나니,
자, 첫 번째 길은 후일로 미루기로 하지!
하지만 길을 걷다 보면 그 길 따라가는 것.
다시 되돌아 올 수 없는 것을 어이하리.

먼 훗날 어디선가 이 일을
되뇌며 한숨지으리.
숲 속에 두 갈래 길이 있었다고, 그리고
나는 덜 다닌 길을 갔노라고.
그리하여 그 때문에 인생길이 온통 달라졌다고.

[출전] "The Road Not Taken" by Robert Frost

2004학년도 전국

📖 본책 p.162

01 모범답안 •

1-1 The narrator enjoys his life of peaceful, simple and clear and full of possibilities.

1-2 The narrator wishes to have a new baby.

해설 • 'I'의 현재 상황 : 아빠가 전쟁에 참전 중이고, 넉넉하지 못한 가정에서 엄마와 둘이서 평화롭게 살고 있다. (역설적으로 밖에서는 전쟁 중임에도 주인공은 전혀 근심 없이 한가롭고 평화로운 일상을 살고 있다.)

'I'의 소망 : 아버지가 전쟁에서 돌아오시면 새로운 동생(아기)을 얻고 싶다. (한가롭고 무료한 일상에 활기를 불어넣어 줄 즉, 집안을 밝고 생기있게 만들어 줄 아이와 같은 것을 원한다.)

한글 번역

나의 오이디푸스 콤플렉스

전쟁 기간은 나의 일생 중에 가장 평화로운 시기였다. 내 방 지붕 밑 창문은 동남향이었다. 나의 어머니는 거기에 커튼을 달아주었지만 그건 별 효과가 없었다. 나는 언제나 동이 트면 잠이 깨곤 했는데, 이때 이미 나는 마치 나 자신이 태양이거나 한 양, 전날 못다 한 책임감을 느끼며 모든 것을 비추고 모든 것을 즐길 태세로 잠에서 깬 것이다.

그때처럼 인생이 단순하고 선명하고 가능성에 차 있던 적은 없었다. 나는 침구 밖으로 두 발을 내밀었다. ― 나는 내 두 발을 각각 '왼쪽' 부인과 '오른쪽' 부인이라고 불렀다. ― 그리고 그날의 문젯거리를 그들이 의논한다는 극적인 상황을 꾸며냈다. '오른쪽' 부인은 말을 잘 들었다. 그녀는 매우 표현력이 풍부했다. 그러나 나는 왼쪽 부인을 마음대로 조종할 수 없었다. 그래서 그녀는 대개 고개를 끄덕여 동의를 하는 것으로 만족하지 않을 수 없었다.

그들은 그날 어머니와 내가 무엇을 할 것인가, 산타클로스는 크리스마스 선물로 무엇을 주어야 하는가, 집안을 밝히려면 어떠한 절차를 취해야 하는가 등을 논의했다. 또, 그 대수롭지 않은 어린아이의 문제도 있었다. 어머니와 나는 그 문제에 대해 의견 일치를 볼 수 없었다. 우리집은 그 단지에서 갓난아이가 없는 유일한 가정이었다. 그런데 어머니는 그것이 17파운드 6실링이나 돈이 드는 문제이기 때문에 아버지가 전쟁에서 돌아온 후가 아니면 안 된다는 것이었다.

이것은 어머니가 얼마나 바보인지 말해주는 것이다. 길 위쪽 제니네 집에는 갓난아이가 있는데, 그 집에 17파운드 6실링 정도의 돈이 없다는 것은 누구나 알고 있는 사실이었다. 물론 그 집 아이는 값싼 아이일 수도 있고 어머니는 아주 훌륭한 아기를 원하는지는 모르지만, 어쨌든 나는 어머니가 너무 독단적이라는 느낌이 드는 것은 어쩔 수 없었다. 제니네 집 아이 정도만 되어도 괜찮을 것이기 때문이다.

[출전] "My Oedipus Complex" by Frank O'Connor

2003학년도 서울

본책 p.164

01 모범답안▸ The meaning of the word "feminist" has not really changed

한글 번역

　"페미니스트"라는 단어의 의미는 1895년 4월 27일 서평에서 "자립할 수 있는 능력을 가진" 여성을 묘사하면서 처음 등장한 이후 실제로 바뀌지 않았다. 노라가 한 세기 전 입센의 〈인형의 집〉에서 밝힌 것처럼 "다른 모든 것보다 나는 인간이다"는 것이 기본 명제다. 그것은 1970년 '여성 평등을 위한 파업'에서 한 어린 소녀가 들고 있던 게시판에 있던 문구일 따름이다: "나는 바비 인형이 아니다."

　페미니즘은 오랜 세월이 흐른 후 마침내 전 세계에 여성들이 장식품, 가치 있는 그릇, "특수 이익 단체"의 구성원이 아니라는 것을 인정해 줄 것을 요구한다. 그들은 국민의 절반을 차지하고, 다른 절반만큼 세계의 행사에 참여할 수 있는 권리와 기회를 가질 자격이 있다. 페미니즘의 의제는 간단하다, 즉, 페미니즘은 여성들이 자유롭게 그들 자신을 스스로 정의할 수 있기를 요구한다.

02 모범답안▸

2-1 • He fix a moth's wing.
　　• He makes machines.
　　• He mends the fuse.
　　• He fix the thing that makes his daughter's doll cry.
　　• He makes small animals out of clay.

2-2 He is warm-hearted and helpful.

한글 번역

아버지의 손
우리 아버지의 손은
아름답다 그 손은
나방의 날개를 고치고 기계를
만들고
그 손은 세상이 어두울 때
전기 퓨즈를 고쳐
빛이 뛰놀고 벽이 다시
내 곁으로 뛰어나오도록 한다.
나는 다시 어머니의 얼굴을 볼 수 있다.

당신은 최고의 크림으로
그 손을 잘 관리해야 해요
절대 손톱이 부러지거나
피부가 너무 건조하지 않도록, 다만 이들 명민한 손가락들이
어떻게 물건을 고치는지 알도록
그래서 내 인형이 소리를 내게 하고
진흙으로 작은 동물들을 만들 수 있도록

절대 칼날이나 날카롭거나 다칠 수 있는
무엇을 가까이 하면 안 되고
벌이나 쐐기풀도
당신의 손을 쏘지 않도록
불이나 뜨거운 기름을
가까이 하지 않도록 하세요.

우리 아버지의 손은 아름답다,
그 손을 잘 관리해야 해요.

2003학년도 전국

본책 p.167

01 **모범답안●** 시를 읽어 주기 전(수업 시작 전)에는 가지런히 정렬된 냉동 생선처럼 수업 분위기가 경직되고 딱딱했으나 수업이 진행됨에 따라 분위기가 점점 좋아졌다.

한글 번역

내가
입을 열기 전에
나는 아이들이
마치 짐짝 안에 언 생선들처럼
질서 있게 앉아 있는 것을 보았다.

나는 알아채지 못했지만
천천히 물이 방안을 채웠고
내 귀까지
차올랐는데

그때 나는 수족관 물고기의
소리를 들었고
내가 그들을 내 말로
익사시키려 했지만
그들은 그저
그들에게 아가미와 같은 것을 열고
나를 받아들였다는 것을
알았다.

서른 개의 꼬리지느러미로 대화를 툭툭 주고받으며
종이 울릴 때까지
함께 우리는 교실을 헤엄쳤고
교실 문에 구멍을 하나
내고

우리는 그리로 모두 빠져나가
아이들은 다른 교실로 간 듯하고
나는 집으로

내 고양이 엘리자베스 여왕이
나를 맞아 주고
나의 지느러미가 손이 될 때까지
내 지느러미를 핥았다.

[출전] "On Reading Poems to a Senior Class at South High" by D. C. Berry

02 **모범답안›** our mood

한글 번역

꿈은 우리를 꿈으로 인도하고, 환상에는 끝이 없다. 인생은 구슬 꿰인 실과 같은 기분들의 연속이다. 그리고 우리가 일련의 기분들을 통과할 때, 그것들은 세상을 자기만의 색으로 칠하는 여러 색깔의 렌즈이며, 각각 그것의 초점에 있는 것만을 보여준다. 산에서는 산만 보인다. 우리는 우리가 할 수 있는 것을 살아 움직이게 만들고, 우리가 살아 움직이게 만든 것만을 본다. 자연과 책은 그것들을 보는 눈에 소속된다. 노을을 볼 것인지, 좋은 시를 볼 것인지는 그 사람의 기분에 달려 있다. 언제나 일몰은 있고, 언제나 천재는 있다. 그러나 자연이나 비판을 즐길 수 있을 정도로 고요한 시간은 몇 시간밖에 되지 않는다.

2002학년도 서울

📖 본책 p.170

01 모범답안 (1) the outer dishes of a feast table   (2) on the centerpiece of the table

해설 The writer uses a frame of reference to organize the details of this description. Sentence ① presents an image of the man dishes at both the ends of the table. The rest of the description is organized from these points in space. Sentence ② images of fruits and two decanters containing wines shows the progression of objects from the ends of the table to the center. Sentence ③ focuses images of fruits and two decanters containing wines. we, as readers, can visualize the scene very vividly and grasp the relationships among the objects on the table. Not only is there a spatial movement from the ends to the center, but there is also a movement from meat to drink.

한글 번역

① 갈색의 통통한 거위가 테이블의 한쪽 끝에 놓여 있고 다른 쪽 끝에는 파슬리 잔가지를 흩뿌려 놓은 주름 종이판 위에 커다란 햄 덩어리가 겉껍질은 다 벗기고 빵가루를 위에다 흩뿌리고 산뜻한 종이 주름 장식을 정강이에 둘러 놓은 채 있었고, 그 옆에는 양념을 친 쇠고기 덩이가 둥글게 놓여있었다. ② 서로 경쟁하는 양쪽 끝 사이에 보조 음식들이 두 줄로 놓여있었는데, 하나는 붉고 하나는 노란, 교회 모양의 젤리 두 개, 브라망주 덩어리와 빨간 잼을 가득 담은 얕은 접시 한 개, 커다란 잎사귀 모양에다 황새처럼 생긴 손잡이를 한 그릇 위에 보랏빛 건포도와 껍질을 벗긴 아몬드가 주렁주렁 쌓여 있고 짝을 맞춰 다른 접시에는 단단하게 사각으로 쌓아 올린 스미르나 특산 무화과와 채를 친 육두구 가루를 뿌린 커스터드 접시 하나, 금종이와 은종이로 싸 놓은 초콜릿과 사탕이 가득 들어있는 작은 접시 한 개, 긴 샐러리 줄기를 꽂은 유리병 하나가 있었다. ③ 식탁 한가운데에는 오렌지와 미국 사과를 피라미드처럼 쌓아 올린 과일 쟁반을 지키는 보초처럼, 커트 글라스로 만든 두 개의 옛날 풍의 납작한 유리 술병이 서 있는데 하나는 포트와인을 담고 있고, 나머지 하나는 짙은 빛깔의 백포도주를 담고 있었다.

2002학년도 전국

본책 p.172

01 모범답안

1-1 The Industrial Revolution

1-2 [A] : negative attitude   [B] : positive attitude

해설 ● [A] : 작가는 기계적 산업화가 초래하는 무생명성과 획일성을 비판적인 입장에서 그리고 있다. 즉 산업 혁명에 대한 부정적 태도를 보이고 있다.

[B] : 영국이 유럽 대륙에 비해 기술력이 앞서서 국운이 상승하고 있는 것에 대해 자부심을 느끼며, 영국인의 지적 우수성을 찬양하고 있다. 즉 작가는 산업 혁명에 대한 긍정적인 태도를 보이고 있다.

한글 번역

[A]

이곳은 기계와 높은 굴뚝의 도시였고 굴뚝들에서는 뱀처럼 끝없는 연기가 흔적을 남기며 계속되며 결코 그 똬리를 풀지 않았다. 도시에는 검은 운하가 있었는데 운하가 흐르는 강은 악취를 내는 염료로 물들어 보라빛이었다. 수많은 창문이 있는 거대한 건물들의 운집에서는 하루 종일 덜걱덜걱 소리와 떨리는 소리가 났고 증기 기관의 피스톤이 위아래로 단조롭게 일하고 있었으며 이는 마치 코끼리의 큰 머리가 울적한 광기의 상태에서 움직이는 것 같았다.

도시에는 여러 개의 넓은 도로가 있었는데 모두 비슷했고, 많은 작은 길들은 더욱 유사했는데 마찬가지로 서로 닮은 사람들이 살고 있었고 이들은 모두 같은 시간에 같은 도로에서 같은 소리를 내며 같은 일을 하느라 들어오고 나가는 이들이었고 이들에게 매일은 어제와 내일처럼 같았고 매 해는 작년이나 내년이나 늘 마찬가지였다.

[B]

만물의 자연적 체계 아래에서 지적이고 스스로에 득이 되는 성격의 나타남은 육체적인 조건의 개선과 보조를 맞추는데, 노력을 통한 하나의 발전은 다른 하나를 얻게 한다. 따라서 몸을 튼튼하게 하는 상황을 만들어 놓으면, 정신적인 건강은 저절로 얻어지는 것이다.

만일 이것에 대한 증거가 필요하다면 영국의 에너지와 유럽 대륙의 무기력함의 대조에서 찾을 수가 있다. 영국의 기술자들은 프랑스 회사가 실패한 이후 파리에 최초의 증기 기관을 설치하였다. 영국인 기술자가 증기 선박을 론강(프랑스 동부에서 지중해로 흐르는 강)에 최초로 소개하였고, 영국인에 의해 최초의 증기 보트가 르와르 강(프랑스 남부에서 발원하여 비스케이만으로 흘러드는 프랑스 최장의 강)에 지어졌다. 페스의 최초의 거대한 현수교는 영국인에 의해 지어졌고 여러 유럽 대륙의 철도 회사들은 영국인들을 고문 기술자로 고용했으니, 자 이제 왜 이런 것일까? 왜 우리의 철도 시스템이 훨씬 빨리 개발되었을까? 왜 우리 도시들의 하수 시설, 도로 시설, 상수 시설이 더 잘 되어 있는 것일까?

2001학년도

📖 본책 p.174

01 모범답안 •

1-1 a. The first time they did not answer the speaker directly but said they had to go on singing.

b. The second time, they stop singing.

1-2 The speaker attempts to conscript and possess the blackbirds' living song but they did not want the speaker to write down their music. By illustrating this episode, the poet tells the reader that the raw beauty of nature cannot be contained by human beings.

1-3 a. She saw a pine tree on top of a hill.

b. She saw a skylark dipping and rising.

c. She saw it was snowing somewhere over the hills.

한글 번역

새들이 노래하기 시작했다. 스물네 마리가 노래하고 있었는데, 찌르레기들이었다. 그래서 나는 말했다, "밤낮으로, 해가 있든 없든 비가 올 때도, 나무 꼭대기를 은색으로 바꾸는 바람이 불어도 넌 무엇을 노래하는 거니?"

"우리는 노래하지," 새들이 말했다, "우리는 노래해, 막 시작했어, 그래서 앞으로 불러야 할 것이 많아, 우린 멈출 수가 없어, 우린 계속 계속 노래를 해야 해."

새들이 노래하기 시작했다. 나는 겉옷을 걸쳐 입고 빗속에서 언덕 위로 걸었다. 나는 붉은 물이 가득 찬 물웅덩이를 지나갔고 스노베리로 덮인 협곡으로 내려가 스노그래스가 자라고 여우꼬리풀이 있는 협곡을 다시 걸어 올라갔고 아마와 덤풀 그리고 마누카가 가까이 자라는 시냇물을 지났다.

나는 언덕 꼭대기에서 소나무를 보았다. 나는 종달새가 몸을 담그고는 솟구치는 것을 보았다. 나는 언덕 어딘가에 눈이 오는 것을 보았지만 내가 있는 곳은 눈이 오지 않았다. 나는 언덕에 올라가 바라보고 또 바라보았다.

나는 노래하지 않았다. 노래하려고 했지만 노래가 떠오르지 않았다.

그래서 나는 내가 사는 하숙집에 돌아가 앞 계단에 앉아서 노래를 들었다. 나는 머리로, 눈으로, 두뇌로 그리고 내 손으로 들었다. 나의 몸으로 들었다.

새들이 노래하기 시작했다. 그들은 전화선에 앉아 있는 검은 새들이었고 사과나무에서 폴짝폴짝 뛰고 있었다. 스무 마리 하고도 네 마리가 노래하고 있었다.

"무슨 노래니? 그 노래 이름을 알려줘." 내가 말했다.

나는 사람이고 책을 읽고 음악을 듣고 인쇄된 것들을 보는 것을 좋아해. 나는 음악으로써, 연주로써 쓰여진 비바체(빠르게) 안단테(느리게) 단어들을 보고 싶어. "노래의 이름이 무엇이니? 나에게 말해줘. 내가 그것을 써내려 갈게, 그러면 나라에서 제일 훌륭한 음악가들을 불러 연주하면 너희들이 내 창가에서 들을 수 있어, 그러면 너희의 노래를 듣는 기분이 정말 좋을 거야 그러니까 노래 이름을 알려줘."

새들은 노래를 그만두었어. 햇빛은 빛나고 있었지만 밖은 어두웠다. 밤이 되었고 더이상 노래는 들리지 않았다.

02 모범답안

2-1 ⓐ live ⓑ save ⓒ rely on
ⓓ avoid ⓔ take away ⓕ perfect

해설 War is about to separate us. This means that we have to learn to live without each other for a time; save for the future all the good things ("secret and powers") we have shared for the past two years. Now, we shall have to rely on the store of happy memories of our love. There is no way we can avoid the pain of absence. So I think of absence like an enormous and ugly creature which tries to steal from our store. But there is no need to worry, since we have so much love that absence (or the creature) can never take away the essential thing, which is our true love. If ever you feel sad, remember that what we have had together was perfect.

2-2 Over the last two years the speaker and her lover stored much love to endure the suffering from his absence.

한글 번역

전쟁 때문에 우리는 한동안 헤어져야 하기 때문에
내 사랑, 우리는 잊는 법을 배워야 해요
우리 가슴을 만족시켜 주었던 그 모든 것의
매일의 쓰임들을:
그 비밀들과 그 힘들을 비축해 놓아요
그것들을 가지고 그대는 지난 이 년간 날 기쁘게 하고 날 소중히 여겼죠.

이제 우린, 식물들이 그렇게 하듯이,
더 나은 시절에 저장되었던 덩이줄기에 의지해야만 해요,

우리의 꿀과 천국을;
오직 우리 사랑만이 그런 음식을 저장할 수 있어요.
이것이 부재를 숭배하는 것일까요?
새로 태어난 괴물이 우리의 자양물을 훔쳐 갈까요?

우린 결핍과 고통을 몰아내기는 쉽지 않을 거예요.
그냥 그가 남아 있도록 하자구요, 그가 먹어 치울지도 모르는 것들,
우리는 잘 아껴둘 수 있어요.
그는 이것의 수액을 결코 짜내지는 못할 거예요, 진정한 혈맥을.
당신이 어떤 사람이었는지 당신께 할 말이 내겐 없어요,
허나 당신이 슬플 때, 생각하세요, 하늘도 (우리에게) 더 이상 줄 것이 없었다는 것을

2000학년도

본책 p.178

01 **모범답안** (1) ② / ④   (2) ③ / ⑥   (3) ⑤ / ⑩   (4) ① / ⑦

02 **모범답안** The poet have left his country for Byzantium in search of spiritual rebirth because the world of Byzantium represents artistic eternity and brilliance.

해설 시인은 Byzantium을 세월의 흐름으로 인한 변화와 고통이 존재하는 현실이 아닌 영원불멸의 이상향 또는 찬란한 예술 세계가 있는 곳으로 간주한다. 육체와 영혼의 이원적이고 상반적인 갈등의 요소들이 영원하고 보편적인 가치로 융합되고 조화를 이루는 비잔티움을 통해서 예술적 완전성에 도달하고자 한다. 주제는 육체에 대한 환멸로 인하여 영원한 정신적 예술 세계를 갈망하는 것이다. 따라서 작가는 현실의 고통을 극복하고 영혼의 장엄성을 배우기 위해서 육체의 바다를 건너서 질서와 조화의 영원의 세계, 예술의 세계인 그곳으로 향하는 것이다.

한글 번역

비잔티움 항해

그곳은 늙은이들의 나라가 되지 못한다.
젊은이들은 서로 껴안고, 새들은 나무에서
─ 저 죽어 가는 세대들 ─ 노래하고,
연어가 오르는 폭포, 고등어가 몰려드는 바다는,
물고기, 짐승, 날짐승, 여름 내내
배고, 낳고, 죽은 것들을 찬미한다.
관능의 음악에 사로잡혀 모두가
늙지 않는 지성의 위업은 소홀히 한다.

늙은 사람은 하찮은 존재일 뿐,
막대에 꽂힌 누더기 걸친 허수아비인 것,
영혼이 손뼉 치며 노래하지 않는다면, 닳아 없어질
옷의 조각들을 위해 더욱 드높이 노래하지 않는다면,
또한 거기엔 노래하는 학교만이 있어서
영혼의 장엄한 기념비를 탐구하는 곳이기에;
난 바다를 건너
성스러운 도시 비잔티움에 왔노라.

[출전] "Sailing to Byzantium" by W. B. Yeats

03

3-1 hard-boiled style

　　a. exchange of short and sharp phrases between characters;

　　b. use of spare, taut, compulsively worked-over (repetitive) language

　　c. keeping a tight rein on characters' emotions

3-2 Initiation story (Bildungsroman)

해설　성장 소설(bildungsroman), 또는 개안 소설(Initiation novel, 새로운 세계나 삶에 대하여 어느 순간에 깨달음에 도달함)

한글 번역

살인자들

　닉은 문을 열고 방안으로 들어갔다. 오울 앤더슨은 옷을 입은 채 자리에 누워있었다. 그는 한때 중량급 현상 권투선수였으며, 키가 하도 커서 침대가 모자랐다. 그는 베개 둘을 겹쳐 베고 누워있었다. 그는 닉을 쳐다보지도 않았다.

　"어떻게 왔어?" 그가 물었다.

　"전 아까 헨리 식당에 있었는데요." 하고 닉은 말문을 열고, "어떤 작자 둘이 들어와 저와 요리사를 묶어놓고 말하기를 아저씨를 죽이려고 왔다지 뭡니까?"

　그가 말하고 보니 어쩐지 실없는 소리처럼 들렸다. 오울 앤더슨은 말없이 있었다.

　"그 자들은 우리를 부엌에 처넣었어요." 말을 이어,

　"아저씨가 저녁 먹으로 오는 걸 기다렸다가 총으로 쏠 작정이었어요."

　오울 앤더슨은 벽만 쳐다볼 뿐 아무 말도 없었다.

　"조지도 저더러 일단 아저씨에게 알리는 것이 좋을 것 같다고 했어요."

　"그 일에 대해선 나도 어찌할 수 없단다." 오울 앤더슨은 말했다.

　"그 자들의 인상착의를 말씀드릴게요."

　"어떻게 생겼는지 알고 싶지 않아," 오울 앤더슨은 말했다. 그는 벽을 바라보고 있었다. "그것을 알려주러 여기까지 와줘서 고맙네."

　"천만에요."

　닉은 침대에 누워있는 그 커다란 남자를 보았다.

　"제가 경찰을 만나 알려볼까요?"

　"아니," 오울 앤더슨은 말했다. "그다지 좋은 생각 같지는 않네."

　"제가 할 수 있는 것이 없을까요?"

　"없어. 어쩔 수 없어."

　"어쩌면 단지 겁주려고 그러는 것일지도 모르죠."

　"아니, 겁주려는 것이 아니야."

　오울 앤더슨은 벽을 향해 돌아누웠다.

　"단 한 가지는," 그는 벽을 향해 말하면서, "난 밖으로 나갈 마음이 내키지 않아, 하루 종일 여기 누워있었지."

　"이 마을을 빠져나갈 수는 없을까요?"

　"없어," 오울 앤더슨은 말했다. "난 이제 도망치는 일을 그만두려 하네."

　그는 벽을 바라보았다.

　"이제는 어찌할 방법이 없다네."

　"다른 수가 있지 않을까요?"

　"없어, 내가 잘못한 일이야." 그는 여전히 기운 없이 말했다. "어찌할 수 없다네, 난 좀 더 있으면서 나가 볼 결심을 할 것이네."

　"전 그럼 돌아가서 조지를 만나볼게요." 닉이 말했다.

　"잘 가게," 오울 앤더슨은 닉을 쳐다보지도 않고 말하였다. "와줘서 고맙네."

　닉은 밖으로 나왔다. 그는 문을 닫으면서, 옷을 입은 채 누워 벽을 보고 있는 오울 앤더슨을 다시 바라보았다.

[출전] "The Killkers" by Ernest Hemingway

1999학년도 추가

📖 본책 p.182

01 모범답안• epiphany

02 모범답안•

2-1 Irony

2-2 ⑴ The author of the story writes of the man as he sits waiting for his lover's car: "A car like hers, and yet not like hers-no luggage rack on it. The smooth hardtop gave him a peculiar pleasure." Here there is a discrepancy between the man's earlier excited anticipation of the meeting and his surprising feeling of relief that it is not his love's car arriving. (Situational irony)

⑵ The man hoped she would not come; when the woman did arrive, he said he had almost given up that she would. (Verbal irony)

한글 번역

그는 이 만남을 마련하기 얼마나 힘들었는지를 떠올렸다. 공중 전화박스로 가서; 사무실로 사라에게 전화를 걸고 (그녀도 유부녀였다.); 그녀의 부재를 확인하고; 다시 그녀에게 전화를 걸고; 그녀는 통화 중이었고; 동전이 바닥으로 떨어져서 동전을 줍기 위해 공중 전화박스 문을 열고; 드디어 그녀가 전화를 받았고; 그에게 다음주에 다시 전화하라고 말했고; 마침내 데이트 날짜를 잡았다.

카페에서 그녀를 기다리면서, 그는 그녀가 오지 않기를 바라는 자신이 놀라웠다. 약속 시간은 3시였다. 이제 10분이 지났다. 종종 그녀는 늦곤 했다. 그는 시계를 쳐다본 후, 그녀의 차가 오는지 (대형 유리 한 장으로 되어 있는) 전망창을 보았다. 그녀의 차로 보이는 차가 있었지만 아니었다. (철제 틀을 고정해서 만든) 자동차 지붕 위의 짐칸이 없었다. 그 매끄러운 하드톱 승용차는 그에게 특이한 즐거움을 선사했다. 어째서지? 이제 3시 15분이었다. 아마도 그녀는 오지 않으리라. 아니, 그녀가 오려고만 했다면, 지금쯤은 충분히 도착했을 시간이었다. 20분이 지났다. 아! 이제 희망이 있다. 희망이라고? 그녀가 오지 않기를 바라는 것이 얼마나 이상한 일인가? 왜 그는 그녀가 약속을 잊었기를 바라면서 약속을 정했을까? 그는 이유는 알지 못했지만 그녀가 오지 않는다면 모든 것이 더 단순할 것만 같았다. 왜냐하면 그가 지금 원하는 것은 담배를 피우고, 그들을 위해 준비된 커피를 마시고, 아무런 일도 하지 않는 것이었다. 그리고 그가 말한 대로 편하고 자유롭게 드라이브나 하길 바랐다. 하지만 그는 기다렸다. 3시 30분이 되자 그녀가 도착했다. "희망을 거의 접을 뻔했었어."라고 그는 말했다.

03 모범답안•

3-1 sonnet

3-2 Though an artist may have great faith in his work, very little actually stands the test of time.

해설 • 한 여행자를 끌어들여 시인의 주관적인 생각을 떠나서 객관적인 입장을 택하려는 기교를 사용했다. 이 시는 폭정과 야망의 허망함(권력무상)을 나타내고, 시간과 공간의 사막은 어떻게 Ozymandias와 같은 강력한 왕의 자부심에 아무런 존경도 할 수 없음을 보여준다(인생무상). 이 시를 쓰면서 시인은 당시에 국민들을 향해 총부리를 겨눈 왕과 지배 계급을 비판하고 있다.

한글 번역

오지만디어스

고대의 나라로부터 온 한 여행자를 만났는데
그는 말했다: 두 거대하고 동체 없는 돌다리가
사막에 서 있다 … 그 옆에, 모래 위에,
부서진 얼굴이 반쯤 묻힌 채 있고, 그 얼굴의 찡그린 표정,
주름 잡힌 입술, 그리고 싸늘한 명령의 냉소는
그 조각가가 왕의 정열을 읽었음을 말해주며,
아직도 그 정열은 그러나, 이 생명 없는 물체에 찍혀져,
그 정열을 비웃은 손과, 그 일을 시켰던 심장보다 더 오래 살아남아 있다:
그리고 대좌엔 이런 말이 새겨져 있다:
"내 이름은 오지만디어스, 왕 중의 왕이로다:
내 업적을 보라, 너희 강대한 자들아, 그리고 절망하라!"
아무것도 그 옆엔 남아있는 것이 없다. 그 거대한 잔해의
부식 주위에 끝없는, 풀 한 포기 없이
쓸쓸하고 평평한 사막이 저 멀리 뻗어있다.

[출전] "Ozymandias" by P. B. Shelley

04 모범답안• ⓐ Edgar Allan Poe, ⓑ Nathaniel Hawthorne ⓒ Jane Austen ⓓ Thomas Hardy

한글 번역

19세기 초에 미국에서는 J. F. Cooper가 프론티어인들의 삶을 찬미하는 일련의 소설을 발표했다.
Edgar Allan Poe은 무서운 고딕 소설을 발표했고, Nathaniel Hawthorne은 '주홍글씨'와 같은 소설들을 통해서 퓨리턴 뉴잉글랜드 지역에 관한 글을 썼다. 영국에서, Jane Austen은 '오만과 편견'에서 나타내 보인 것처럼, 당대의 점잖은 사회를 풍자하는 상당히 아이러니한 소설들을 발표했다. Thackery 역시 동일한 주제로써 능란한 이야기체를 통하여 보다 덜 통렬한 소설을 발표했고(Vanity Fair에서 잘 알려짐), 그리고 Anthony Trollope는 자기 시대의 정치·사회적 모습에 관한 대중적인 소설을 썼다. 그러나 영국에서 당대 최고로 널리 읽혀진 소설은 Scott의 역사 소설들이었다.
19세기의 위대한 여러 소설가들로는 위대하고도 다작인 C. Dickens가 거명되며, 그는 오늘날 여전히 인기가 있으며, 그리고 '미들마치'와 같은 소설로 유명한 G. Eliot은 심오한 작중인물 분석으로 이름을 떨쳤다. 말기에 접어들어, Thomas Hardy는 영국 농촌에 근거한 대중적인 연애 소설들을 발표했다.

1999학년도

본책 p.186

01 모범답안•

1-1 Enjoy the beauty of the cherry blossoms while you can; Seize the day

1-2 Time is very short.

1-3 the cherry blossoms (flowers)

해설 주제 : Time flies; enjoy beauty now/ Life is short and enjoy natural beauty now.

한글 번역

다시없이 고운 나무

다시없이 고운 나무, 벚나무는 지금
가지에 담뿍 꽃을 드리운 채,
부활절 맞아 하얀 옷 차려입고
숲속 승마 길가에 서 있네.

지금, 내 칠십 평생에서,
스무 해는 다시 오지 않으리,
일흔 해에서 스무 해를 빼면,
고작 쉰 해가 남을 뿐.

꽃 핀 나무를 바라보는데
쉰 번의 봄은 많지 않은 것.
난 숲을 거닐면서
흰 눈 드리운 벚나무 구경하리라.

[출전] "Loveliest of trees, the cherry now" by A. E. Housman

02 모범답안

2-1 *(The author is making fun of)* people and society that are too accustomed to the polluted air to realize it.

2-2 It is natural that the fresh air is good for us. However, here, doing a test on the fresh air as if it were a polluted air connotes the polluted air is normal and desirable.

한글 번역

신선한 공기에 죽겠어요

스모그는 한때 로스앤젤레스의 커다란 관심거리였는데 이제는 몬태나주의 버트에서 뉴욕에 이르기까지 전국에서 발견되는 현상이다. 그래서 사람들은 오염된 공기를 접촉하는 데 익숙해져 있어 어떤 다른 공기를 호흡하는 데 어려움을 겪는다.

나는 최근에 강의를 하고 다녔는데, 내가 머문 곳 가운데 하나가 애리조나주 플래그스텝이라는 곳으로 해발 약 700마일의 고지대이다.

비행기에서 내리자마자 뭔가 특별한 냄새가 났다.

"이거 무슨 냄새죠?" 비행기에서 만난 그 남자에게 물었다.

"아무 냄새도 안 나는데요," 그가 대답했다.

"내가 알지 못하는 특이한 냄새가 나는 걸요." 내가 말했다.

"아, 신선한 공기에 관해 말씀하시는군요. 전에 신선한 공기를 전혀 맡아보지 못했던 많은 사람들이 이곳으로 나옵니다."

"신선한 공기란 게 뭐죠?" 나는 미심쩍게 물었다.

"아무것도 아닙니다. 그저 다른 공기를 들이마시듯이 숨을 쉬기만 하면 됩니다. 폐에 좋을 겁니다."

"전에 그런 이야기를 들은 적이 있습니다만," 내가 말했다. "근데 그것도 공기인데, 어째서 내 눈에 눈물이 고이지 않죠?"

"신선한 공기는 눈에 눈물이 고이지 않습니다. 그 점이 신선한 공기의 장점이죠. 화장지를 아끼게 됩니다."

주변을 둘러보았다. 모든 것이 아주 수정같이 맑고 깨끗하게 보였다. 그것은 이상한 느낌이었으며 그것으로 난 아주 불안해졌다.

주최 측 사람이 이를 알아차리고는 나를 안심시키려고 애썼다. "걱정하지 마십시오. 이미 (과학적으로) 검증이 됐습니다. 밤낮으로 신선한 공기를 마셔도 인체에 어떤 해를 끼치지 않는다는 사실이 말입니다."

"내가 이곳을 떠나지 않기를 바라기 때문에 그렇게 말하는군요," 나는 말했다.

"대도시에 사는 어느 누구라도 상당 기간 신선한 공기를 마시는 건 견뎌내기 어려울 것입니다. 저항력이 없거든요."

"그런데요. 신선한 공기가 괴로우시다면 코에 손수건을 대고 입으로 숨 쉬는 건 어때요?"

"예, 그렇게 해보죠. 신선한 공기만 있는 곳으로 온다는 것을 알았더라면 외과용 마스크를 갖고 왔을 텐데요."

우린 침묵을 지키며 차를 몰았다. 약 15분쯤 뒤에 그가 물었다. "지금은 어떠세요?"

"괜찮은 것 같네요. 하지만 재채기가 안 나네요."

"여기에서는 별로 재채기를 하지 않습니다," 그 사람은 동의를 했다. "그곳에서는 재채기를 많이 합니까?"

"내내 하죠. 재채기만 하는 날도 있죠."

"그거 좋으세요?"

"꼭 그런 것은 아닙니다만, 재채기를 하지 않으면 죽을 겁니다. 물어보겠는데, 이곳은 어떻게 대기 오염이 되지 않았죠?"

"플래그스탭은 산업을 유치할 수 없는 것 같아요. 사실상 우리는 시대에 뒤떨어져 있죠."

그 신선한 공기에 현기증을 느꼈다. 그래서 물었다. "이 근처에 두 시간쯤 숨을 쉴 디젤 버스 어디 없나요?"

"이 시간대에는 없어요. 트럭은 찾을 수 있을 것 같습니다."

우리는 트럭 한 대를 발견하고는 그 운전사에게 5달러짜리 지폐 한 장을 찔러주었다. 그랬더니 그는 내가 30분 동안 배기관 근처에 머리를 대게 해주었다. 나는 금방 생기를 되찾았고 연설을 할 수 있었다.

어느 누구도 플래그스탭을 떠나는 나만큼 행복할 수는 없었다. 다음 기착지는 로스앤젤레스였다. 비행기에서 내려서는 스모그로 가득 찬 공기로 긴 심호흡을 했다. 나의 눈에는 눈물이 고이고 재채기가 시작되었다. 그제야 다시 새 사람이 된 것 같은 느낌이 들었다.

[출전] "Fresh Air Will Kill You" by Art Buchwald

03

3-1 Thurber는 일상생활과 동화의 요소들을 나란히 배치시키는 기교로써 유니콘 이야기를 언급했다. 글의 구성상, 평소 사이가 좋지 않다고 보여지는 부부는 항상 상대방이 사라진 혼자만의 삶을 누리기를 바라고 있었다. 그런데, 남편이 정원에서 본 유니콘에 얽힌 한 사건을 통해, 부인이 정신 병원으로 끌려감으로써, 남편이 전보다 행복한 독신 생활을 누리게 된다. 즉, Thurber는 유니콘 이야기를 통해 부인이 없어지게 되는 자연스러운 근거를 제공했다고 볼 수 있다.

3-2 ⑴ She opened one unfriendly eye and looked at him.
　⑵ "You are a booby," she said, "and I am going to have you put in the booby hatch."
　⑶ She was very excited and there was a gloat in her eye.
　⑷ The husband lived happily ever after.

3-3 Because she wanted to send her husband out to an asylum.

한글 번역

정원의 일각수

　어느 햇살이 맑은 날 아침 부엌에 앉아 있던 한 남자가 휘저은 달걀에서 눈을 들어 정원에서 장미를 먹고 있는 황금 뿔이 달린 하얀 일각수를 바라보고 있었다. 그 사람은 침실로 가서 아직도 자고 있는 아내를 깨웠다. "정원에 일각수가 있소"라고 말했다. "장미를 먹고 있소" 아내는 곱지 않은 시선으로 그를 보고 말했다: "일각수는 전설에나 나오는 짐승이라구요." 그 사람은 천천히 계단을 내려가 밖으로 나가서 정원에 들어섰다. 그 일각수는 여전히 거기에 있었다. 튤립을 뜯어먹으면서. "이봐, 일각수"라고 말하면서 백합 한 송이를 따다가 그 짐승에게 주었다. 그 일각수는 그걸 진지하게 먹었다. 그는 기분이 한껏 고조되었는데, 일각수 한 마리가 정원에 있었기 때문이었다. 그는 2층으로 올라가 다시 아내를 깨웠다. 그리고는 "그 일각수가 백합을 먹었어."라고 말하자, 아내는 침대에서 일어나 싸늘한 시선으로 남편을 쳐다보았다. "당신은 정신병자군요. 정신병동에 보내야겠어요." 라고 말했다. 그 남자는 "정신병자"니 "정신병동"이니 하는 단어들을 좋아하지 않았으며, 일각수가 정원에 있는 햇살이 맑게 비치는 아침에는 특히 그랬다. 그 남자는 잠시 생각을 했다. "우린 그것에 관해 보게 될 거야"라고 말했다. 그는 문으로 걸어가서는 "그 일각수는 황금 뿔이 이마 가운데 있었어."라고 아내에게 말했다. 그런 후, 그는 그 일각수를 보기 위해 정원으로 갔다. 하지만 그 일각수는 사라지고 없었다. 그 남자는 장미 사이에 앉았다가 잠이 들고 말았다.

　아내는 남편이 집에서 나가자마자, 일어나 급히 옷을 입었다. 그녀는 아주 흥분을 해서 눈에 기쁨을 감출 수가 없었다. 그녀는 경찰에 전화를 건 후 정신과 의사에게 전화를 걸어서는 그녀의 집으로 서둘러 올 것과 정신병 환자에게 입히는 구속복을 가져올 것을 부탁했다. 경찰과 정신과 의사가 도착해서는 의자에 앉아 그녀를 쳐다보았다. 아주 흥미롭게. "우리 남편이요. 오늘 아침 일각수를 봤어요."라고 그녀가 말했다. 경찰과 정신과 의사는 서로를 쳐다보았다. "남편의 말로는 그 일각수가 백합을 먹었다는군요." 경찰과 정신과 의사는 다시금 서로를 쳐다보았다. "그 일각수는 이마 가운데 황금 뿔이 달려있다고 하더군요." 정신과 의사가 보내는 신호에 맞춰 경찰은 의자에서 뛰어올라 그 아내를 붙잡았다. 그들은 그녀를 제압하는 데 어려움을 겪었다. 왜냐하면, 그녀는 맹렬히 저항했기 때문이다. 하지만 마침내 그녀를 제압했다. 그들이 막 그녀에게 구속복을 입혔을 때 그 남편이 집으로 들어섰다.

　"아내에게 당신이 일각수를 보았다고 이야기했나요?"라고 경찰이 남편에게 물었다. "아닙니다. 일각수는 전설에나 나오는 동물이죠."라고 남편이 말했다. 정신과 의사는 "그게 내가 알고 싶은 것의 전부입니다"라고 말했다. "데리고 가죠. 선생님 실례했습니다. 하지만 선생님의 아내는 정신 이상입니다." 그들은 그녀를 데리고 갔다. 그 여자의 비명소리와 저주의 소리를 뒤로 남긴 채. 그 여자는 정신 병원에 감금되었고 남편은 그 후 행복하게 살았다.

[출전] "The Unicorn in the Garden" by James Thurber

1998학년도

📖 본책 p.193

01 모범답안·

1-1 초월주의의 인간관 : 초월주의는 인간의 양도할 수 없는 가치에 대한 믿음을 가지며, 신과 인간 그리고 자연을 우주 영혼의 공유자로 보며, 그 통일적 존재를 강조하며, 인간을 통해 신성(神性)을 느끼며, 스스로를 자연 종교의 사제로 여기며, 개인의 고독을 강조한다(긍정적 인간관).
대표적 작가 : (Ralph Waldo) Emerson, (Henry David) Thoreau, (Walt) Whitman

1-2 자연주의의 인간관 : 자연주의는 인간을 어떤 유전적인 힘과 환경적인 힘에 의해 생겨난 하나의 현상이며, 인간이 조종할 수 없는 원인에 의해 생겨난 결과로 보고 있으며, 인간을 무한한 무관심의 자연력이나 잔인한 사회 제도의 힘에 의해 함정에 빠져 농락당하고 있다고 여긴다(부정적 인간관).
대표적 작가 : (Stephen) Crane, (Frank) Norris, (Theodore) Dreiser

02 모범답안·

2-1 ababcc

2-2 The narrator is alone and wandering from one place to another like a cloud. All of a sudden he sees a lot of golden daffodils which are growing on the bank of the lake. A light breeze is blowing, making the daffodils flutter and dance with it. For the narrator, the view of these beautiful golden daffodils is similar to the stars shining and twinkling in the milky-way. He finds only the daffodils growing along the margin of a bay and they seem to be in very large numbers. All of these flowers are tossing their heads in a sprightly dance. In the nearby lake, the waves are dancing with the wind and sparkling because of the sun-rays falling on them. But the beauty of the golden daffodils is so attractive and charming that it easily surpasses the beauty of the dancing and sparkling waves. The narrator is completely absorbed in the beauty of the daffodils and for the moment he has lost touch with his surroundings. He considers himself fortunate and very happy that he has been the witness to such a wonderful sight of the daffodils. Later, whenever the narrator is thinking of not being busy, the daffodils flash upon his imagination. The memory of the daffodils not only fills his heart with pleasure but also has a refreshing effect on him and he feels like dancing along with the daffodils.

해설 ● The plot of the poem is simple, depicting the poet's wandering and his discovery of a field of daffodils by a lake, the memory of which pleases him and comforts him when he is lonely, bored, or restless. The characterization of the sudden occurrence of a memory—the daffodils "flash upon the inward eye / Which is the bliss of solitude"—is psychologically acute, but the poem's main brilliance lies in the reverse personification of its early stanzas.

The speaker is metaphorically compared to a natural object, a cloud—"I wandered lonely as a cloud / That floats on high...", and the daffodils are continually personified as human beings, dancing and "tossing their heads" in "a crowd, a host." This technique implies an inherent unity between man and nature, making it one of Wordsworth's most basic and effective methods for instilling in the reader the feeling the poet so often describes himself as experiencing.

첫 연에서 시인의 눈은 멀리 하늘의 구름을 보고, 산과 계곡을 보고, 그리고 더욱 가까운 아래로 내려와서 수선화의 무리를 보게 된다. 둘째 연에서도 하늘의 별이 먼저 나오고, 줄지은 수선화 무리가 이루는 전체 윤곽이 보이고, 마지막으로 낱낱의 수선화가 보인다. 셋째 연에서는 물결치는 호수와 아름다운 수선화가 보이고, 그 장면을 보고 있는 시인이 어떤 기분이었던가를 그리고 있다. 마지막 연은 앞에서 시인이 자연을 직접 보면서 즐겼을 때의 묘사 방법과 똑같이 수선화의 옛 모습의 재발견 순간을 묘사하고 그 결과 시인의 마음속에 일어나는 반응을 그리고 있다.

한글 번역

수선화

골짜기와 언덕 위 높은 하늘에
떠도는 구름과 같이 내 쓸쓸히,
헤매이던 눈앞에 보인 무리는,
한 무리 모여 있는 황금 수선화;
호수가 수목이 우거진 그늘,
미풍에 나부끼며 춤을 추었네.

은하수 물가에 멀리 늘어 서
반짝이며 비치는 별들과 같이,
굽이진 포구의 언덕을 따라
끊임없는 줄을 지어 늘어 서있네:
한 눈에 보았네 천만 가지의,
머리를 흔들면서 춤추는 꽃을.

부근의 물결도 춤을 추건만;
반짝이는 그 물결 어찌 따르리;
그처럼 즐거운 친구 속에서,
시인인들 어찌 즐겁지 않으리;
하염없이 하염없이 바라보네,
그 정경이 끼치는 부귀는 생각도 않고:

헛되이 생각에 깊이 잠기어
침상 위에 외로이 누웠을 때면,
고독의 축복인 마음의 눈에
그들의 수선화는 번쩍거리고;
즐거움은 가슴에 넘쳐흘러서,
수선화와 함께 춤추도다.

[출전] "Daffodils" by William Wordsworth

1997학년도

본책 p.195

01 모범답안 •

John Donne을 비롯한 17세기 영국의 형이상학파 시인들의 시는 구어체 언어, 극적 형식, 구체적인 심상(imagery) 등을 이용한 사실적(realistic) 묘사를 특징으로 하고 있으며, 복잡한 내면 세계를 그리기 위해 기상, 아이러니, 역설 등에 크게 의존한다. 형이상학파 기상은 온갖 종류의 인간의 지식을 비유의 매개어로 동원하여 전혀 유사성이 없어 보이는 사물들 사이에 뚜렷한 유사성을 확립시키는 기발한 비유법으로, 예를 들면 Donne의 "A Valediction ; Forbidding Mourning"에서 두 남녀의 헤어짐을 얇게 두드려 늘여지는 금에 비유한 것이나, 원을 그리는 콤파스의 두 다리가 벌어지는 것에 비유한 것. "The Flea"에서 두 남녀의 피를 빤 벼룩을 그들이 결혼식을 올린 사원, 그들이 신방, 둘이 결혼으로 한 몸이 된 것 등에 비유한 것. "The Canonization"에서 연인들의 성적 행위를 승천의 보상이 따르는 성직자들의 금욕적인 삶과 동일시한 것 등이 있다.

[채점기준]

각 요소들을 연결하여 예시된 답을 비추어 제대로 된 진술을 했다는 전제 하에

① 구어체 언어, 극적 형식, 구체적 심상 중 한 개 이상의 요소를 제시했으면 1점

② 아이러니, 역설 중 한 개 이상의 요소를 제시했으면 1점

③ 겉으로 보기에 유사성이 없는 사물들 간의 유사성 확립이라는 점을 밝혀, 형이상학파 기상의 개념을 바르게 설명했으면 1점

④ 형이상학파 기상의 구체적 예를 바르게 제시했으면 1점 ("The Flea"의 경우 두 남녀의 피를 빤 벼룩에 비유된 것 세 가지 중 한 가지 이상 제시되었으면 1점)

⑤ 형이상학파 기상의 구체적 예가 포함된 작품의 제목과 그 작품의 작가의 이름을 바르게 명시했으면 1점

02 모범답안 •

'의식의 흐름'이란 등장인물의 생각이나 인상들을 어떠한 외적인 서술이나 작가의 언급 없이 제시함으로써 그의 정신 작용의 전 영역과 흐름을 포착하고자 하는 서술의 한 양식이다. 그러나 인물의 감각, 지각들과 느낌들뿐만 아니라 생각의 일부 측면들이 비언어적인 것이기 때문에 작가가 그것들을 언어로 치환시켜 표현하는 과정에 필연적으로 그 원형이 훼손될 수밖에 없다는 것이 '의식의 흐름' 서술 양식의 한계이다.

[채점기준]

각 요소를 연결하여 예시된 답에 비추어 전체적으로 제대로 된 진술을 했다는 전제 하에, 또한 아래 ①~③의 각 항목에서 밑줄 친 부분의 의미가 분명하게 제시되었다는 전제 하에

① 등장인물의 생각이나 인상들을 외적인 서술이나 작가의 언급 없이 제시한다는 실행적 측면이 제시되었으면 1점

② 주인공의 정신 작용의 전 영역과 흐름을 포착하려는 의도적 측면이 제시되었으면 1점

③ 비언어적인 것을 언어로 바꾸는 과정에서 원래의 것이 필연적으로 훼손된다는 점을 제시했으면 2점

유희태 영미문학 ❸

영미문학 기출

모범답안

초판 인쇄　2023년 1월 5일
초판 발행　2023년 1월 10일

저자와의
협의하에
인지생략

편저자 유희태　**발행인** 박 용
발행처 (주)박문각출판
표지디자인 박문각 디자인팀
등록 2015. 4. 29. 제2015-000104호
주소 06654 서울시 서초구 효령로 283 서경 B/D
팩스 (02) 584-2927
전화 교재 주문 (02)6466-7202　동영상 문의 (02)6466-7201

ISBN 979-11-6704-887-5

Dr. 유희태 전공영어 시리즈

2022 한국 브랜드 만족지수 1위
교육(교육서비스)부문 1위

 2021 조선일보 국가브랜드 대상
에듀테크 부문 수상

 2021 대한민국 소비자 선호도 1위
교육부문 1위 선정

 2020 한국산업의 1등
브랜드 대상 수상

 2019 한국우수브랜드
평가대상 수상

 2018 대한민국 교육산업 대상
교육서비스 부문 수상

 2017 대한민국 고객만족
브랜드 대상 수상

 2017 한국소비자선호도 1위
브랜드 대상 수상

 2016 한국 소비자
만족지수 1위 선정

 브랜드스탁 BSTI
브랜드 가치평가 1위

유희태 영미문학 ❸

영미문학 기출

교재관련 문의 02-6466-7202
학원관련 문의 02-816-2030
온라인강의 문의 02-6466-7201

 박문각   www.pmg.co.kr

13370

ISBN 979-11-6704-887-5

9 791167 048875

다음 카페_유희태 전공영어
http://cafe.daum.net/YHT2S2R

네이버 블로그_유희태 전공영어
https://blog.naver.com/kmo7740